Inhalt

Doris Van Stone
Erwin Lutzer

Dorie

Ein verwandeltes Leben

CLV

Christliche Literatur-Verbreitung e. V.
Postfach 11 01 35 · 33661 Bielefeld

2. Auflage 2015 (CLV)

This book was first published in the United States
by Moody Publishers, 820 N. LaSalle Blvd., Chicago, Illinois, 60610
with the title *Dorie: The Girl Nobody Loved*.

Postfach 11 01 35 · 33661 Bielefeld
CLV im Internet: www.clv.de
(früher erschienen bei Schulte & Gerth, Aßlar)

Übersetzung: Inge Bürklin
Satz: CLV
Umschlag: typtop, Andreas Fett, Meinerzhagen
Druck und Bindung: BasseDruck GmbH, Hagen

Bestell-Nr. 256.138
ISBN 978-3-86699-138-5

Mutter, komm doch heim!

Schweigend trat ich ans Fenster und starrte in die Dunkelheit hinaus. Meine Augen folgten den Scheinwerfern jedes vorbeifahrenden Autos. Ich saß auf meinem braunen Schemel, die Arme fest um die Knie geschlungen in dem verzweifelten Bemühen, warm zu werden.

Stunden vergingen. Endlich erblickte ich die schattenhaften Umrisse meiner Mutter um die Ecke biegen und den Fußweg hochkommen. Bis sie unsere Wohnung im ersten Stock erreicht hatte, hatte ich mich durch den dunklen Raum getastet, um sie zu begrüßen.

Hoffentlich freut sie sich, mich zu sehen! Doch wie gewöhnlich schob sie mich beiseite und nahm meine Schwester Maria in die Arme. »Liebling, wie geht es dir?«, sagte sie zärtlich. Ich stand da, die Hände in den Taschen meines verschlissenen Rocks vergraben, und wartete darauf, dass sie mich auch lieb hatte. Doch sie stieß mich beiseite. »Was willst du?«, fuhr sie mich an.

»Würdest du mich auch umarmen?«, fragte ich schüchtern.

»Scher dich weg!«, schnauzte sie mich an.

Ich war erst sechs Jahre alt. Doch die Szenen in jener Wohnung sind unauslöschlich in meinem Gedächtnis eingegraben. Ich erinnere mich an nichts Helles. Dunkle Holzleisten säumten die schmutzigfarbenen Wände. Ein brauner Polstersessel, eine Bank und ein kleiner Teppich bildeten die Einrichtung des Wohnzimmers. Das nächste Zimmer enthielt nur ein Schrankbett, in dem Maria und ich gemeinsam schliefen.

Morgens verließ meine Mutter die Wohnung und kehrte erst spätabends wieder zurück. Ich sehe sie noch vor mir – pechschwarzes Haar umrahmte ein vollkommen ovales Gesicht.

Ein eiskalter Blick war in ihren braunen Augen, wenn sie schrie: »Doris, gib gut auf deine Schwester acht! Und mach ja kein Licht an!«

Maria war ein Jahr jünger als ich, und meine Mutter wollte mir eins klarmachen: Sollte Maria etwas zustoßen, wäre es meine Schuld. Ich trug die Verantwortung.

Meine Schwester und ich verbrachten unsere Tage allein in der Wohnung. Wir freuten uns auf das Wochenende, weil Mutter uns dann etwas zu essen machte. An diesen Tagen schlief sie lange, und dann frühstückten wir schweigend zu dritt. Doch meistens bestand unsere Nahrung aus dem Einzigen, was ein sechsjähriges Kind zubereiten kann: Brote mit Erdnussbutter und Marmelade. Das Glas im Küchenschrank konnte ich gerade erreichen. Dann klemmte ich es zwischen meine Knie und versuchte krampfhaft, das Öl mit der Erdnusspaste zu verrühren. »Verschütte das Öl nicht!«, hatte Mutter mich gewarnt. Wenn es dennoch geschah, wischte ich es schnell mit Toilettenpapier auf. Ich schmierte die Erdnussbutter so auf, dass das Brot immer zerkrümelte. Hatten wir keine Marmelade, würgten wir es so gut es ging trocken hinunter.

Manchmal bekamen wir Milch, doch gewöhnlich tranken wir nur Wasser. Wir hatten keine Trinkbecher, nur Marmeladengläser. Nachdem ich eine Tracht Prügel bekommen hatte, weil ich eins zerbrochen hatte, lernte ich achtzugeben. Ich schob einen Stuhl an das Spülbecken, stellte das Glas unter den Wasserhahn und ließ Wasser hineinlaufen. Mit beiden Händen hielt ich dann Maria das Glas hin und kletterte anschließend wieder hinunter.

Wie oft knurrte unser Magen vor Hunger! Einmal ging ich mutig in ein Geschäft in der Hoffnung, dass der Lebensmittelhändler mir etwas zu essen geben würde. Als er meine Bitte abschlug, versprach ich ihm, dass meine Mutter am nächsten Tag bezahlen würde. Da lernte ich, dass nur Menschen, die Geld haben, Essen kaufen konnten. Widerstrebend ging ich nach Hause zurück – mit leeren Händen und leerem Magen.

Jeden Abend, wenn ich auf meine Mutter wartete, fühlte ich mich allein. Die Verantwortung lastete schwer auf mir. Ich hatte unheimliche Angst, dass mir oder meiner Schwester etwas Schreckliches passieren könnte. Die Dunkelheit unserer trostlosen Wohnung nährte meine kindliche Fantasie. Was würde geschehen, wenn Mutter nicht nach Hause käme?

Eines Abends hörte ich, wie die Haustür unten aufging. Ich nahm ein Fleischmesser aus der Küche, öffnete die Wohnungstür und sah zwei Betrunkene unten an der Treppe stehen. Das Fleischmesser so fest umklammernd, dass meine Knöchel weiß wurden, schrie ich so grimmig, wie ich nur konnte: »Macht, dass ihr fortkommt! Ich habe ein Messer!« Maria versteckte sich hinter mir. Sie lachten, doch einige Augenblicke später machten sie sich aus dem Staub.

Als ich Mutter von dem Schrecken erzählte, zuckte sie nur die Achseln. »Na und? Sie sind doch nicht hereingekommen, oder?« Dann stellte sie die einzige Frage, die von Bedeutung war: »Hattest du das Licht an?«

Darum hatte ich meinen Stuhl in die Nähe des Fensters gerückt. Die Scheinwerfer der Autos, die auf der 34. Straße in Oakland, Kalifornien, entlanghuschten, waren tröstlicher als die drohende Dunkelheit der kalten Wohnung. Ich hatte Angst einzuschlafen, bevor Mutter da war. Manchmal schrie Maria auf, erschreckt durch fremdartige Geräusche. Dann legte ich ruhig meinen Arm um sie und redete ihr zu, keine Angst zu haben. Innerlich war ich voller Furcht. Abend für Abend saß ich in der Dunkelheit und hatte Angst davor, was Mutter mir antun würde, sollte Maria krank werden oder ihr etwas zustoßen.

Wenn Mutter dann spätabends nach Hause kam, sprach sie kein Wort mit mir, sondern suchte nur schnell Maria, die meistens auf der Couch eingeschlafen war. »Maria ist ein hübsches Kind – sie ist nicht wie du«, pflegte meine Mutter oft zu sagen. Sie packte Maria ins Bett und gab ihr einen Gutenachtkuss. Ich blieb mir selbst überlassen.

Ohne mich auszuziehen – ich besaß keinen Schlafanzug –, kroch ich neben meine Schwester unter die Decke. Kein einziges Mal umarmte mich meine Mutter oder nahm mich auf ihren Schoß.

Gelegentlich brachte Mutter für Maria ein Geschenk mit, aber nie für mich. Unsere Kleider bekamen wir von Nachbarn nebenan. Sie waren entweder zu klein oder zu groß, unsere Hosen waren an den Knien durchgescheuert, und unsere Schuhe drückten. Alle neuen Sachen bekam Maria.

Wenn Mutter zu Hause war, verbarg ich meine Ängste. Ich kroch hinter eine Couch, wo ich unentdeckt schluchzen konnte. Manchmal, wenn ich Magenkrämpfe hatte, krümmte ich mich auf dem Fußboden. Doch wenn Mutter mich weinend fand, bekam ich Schläge.

Eines Nachts wachte ich auf und stellte erschrocken fest, dass Maria nicht mehr neben mir lag. Ich rief nach Mutter, die zuvor nach Hause gekommen war, erhielt aber keine Antwort. In panischer Angst suchte ich die vier Zimmer unserer dunklen Wohnung ab. In dem Glauben, allein gelassen zu sein, begann ich zu schreien. Ich kroch in eine Ecke und bekam einen Weinkrampf. Es verging vielleicht eine Stunde. Plötzlich hörte ich jemanden auf der Treppe. Dann sah ich Mutter an der Tür mit Maria auf ihrem Arm. Sie hatte mich allein gelassen, ohne mir etwas zu sagen. Und für ihr Verschwinden gab sie nie eine Erklärung.

Eines Nachmittags nahm Mutter Maria und mich mit, um eine Freundin zu besuchen. Maria saß auf Mutters Schoß, während die Frau die Schönheit meiner Schwester bewunderte. Dann sagte sie mit einem unverhohlenen Seitenblick auf mich: »Aber das mit der anderen ist ja wirklich zu schade.«

Was ist denn so anders an mir? Warum bin ich so hässlich? Kann mich denn keiner lieb haben?, dachte ich. Niedergeschlagen rutschte ich vom Stuhl herunter und verkroch mich in eine Ecke. Meine Gefühle überwältigten mich. Niemand sprach mit mir, und ich wollte auch mit niemandem sprechen. Selbst diese Frau bedauerte, dass ich geboren worden war.

Vielleicht kann ich Mutter doch noch dazu bringen, mich lieb zu haben, sagte ich mir. Doch jedes Mal, wenn ich meine Arme um sie legte, stieß sie mich weg. Sobald ich versuchte, auf ihren Schoß zu klettern, schüttelte sie mich ab, wie man einen gutmütigen, aber unerwünschten Hund abschiebt. »Lass das!«, fuhr sie mich an. Dann fügte sie hinzu: »Und nenne mich nicht Mutter, nenne mich Laura.«

Im Alter von sechs Jahren wusste ich, dass ich unerwünscht war – eine Schande, eine Last, eine Plage. Ich kannte die Bedeutung jener Worte nicht, doch empfand ich, wie schwer jedes wog. *Ich bin hässlich, und es ist meine Schuld. Wenn ich doch nur etwas dagegen tun könnte!*, seufzte ich innerlich.

Die Tage zogen sich in trostloser, hoffnungsloser Eintönigkeit dahin. Maria und ich lachten selten. Die meiste Zeit saßen wir nur da und fragten uns, was in unserer Welt nicht stimmte.

Einige Hundert Meter von unserer Wohnung entfernt war ein freier Platz, auf dem meine Schwester und ich oft spielten. Wir hatten keine Spielsachen, sondern benutzten Stöckchen und Steine, die dann darstellten, was wir uns in unserer Fantasie ausmalten. Dort vergaßen wir unsere Angst; doch nicht für lange.

Wir spürten, dass andere Kinder Spaß hatten. Sie waren glücklich und sorglos, doch für uns war es schwer, uns zu freuen. Die kurzen Augenblicke des Glücks vermochten nicht das Leid auszulöschen, das wir so gut kannten. Irgendetwas stimmte nicht in unserem Heim. Wir fanden es schwer, freundlich zu sein oder zu lächeln.

Mein Vater besuchte uns vielleicht drei oder vier Mal in unserer Wohnung. Obwohl ich mich kaum an ihn erinnern kann, erinnere ich mich doch, dass auch er sagte, wie niedlich Maria sei. Sie war auch sein Liebling.

Ein winziger Lichtstrahl durchdringt die dunklen Erinnerungen an jene Zeit – der Drugstore an der Ecke. So oft ich es wagte, ging ich dorthin. »Wie geht's, Clara Bow?« Mit diesem Spitznamen begrüßte mich der Kaufmann. »Möchtest du ein Sodawasser?«

Ich sagte: »Nein«, denn ich hatte kein Geld. Doch seine Augen zwinkerten voller Freundlichkeit, während er mich auf einen Drehstuhl setzte und mir eine Limonade gab. *Sieh doch hinter meine schäbigen Kleider, bitte! Ich bin so voller Angst und Leid!*

Obgleich er diese meine Gedanken nicht lesen konnte, gab er mir doch das erste Zeichen menschlicher Liebe.

Diese Ausflüge zum Drugstore nahmen jedoch bald ein Ende. Meine Mutter traf eine Entscheidung, die unsere Zukunft einschneidend verändern sollte. Die Tage in unserer ärmlichen Wohnung waren gezählt.

Das Waisenhaus

»Kinder, euer Vater und ich können euch nicht versorgen. Deshalb werde ich euch in ein Heim geben, wo ihr es gut haben werdet«, erklärte Mutter uns eines Tages. Kurze Zeit später luden sie und eine Nachbarin meine Schwester und mich in eine Straßenbahn. Eine lange Strecke fuhren wir, dann gingen wir noch ein Stück zu Fuß. Mutter hielt uns an der Hand. Unsere wenigen Kleider trug ich in einer Papiertüte. Spielsachen besaßen wir nicht.

Auf einmal entdeckte ich ein großes Gebäude mit einem roten Ziegeldach. Es war U-förmig angelegt und hatte zwei Stockwerke. In meinen Augen war es riesig. Eine Palme, umgeben von Geranien, erhob sich im Hof. Durch einen Eisengitterzaun sah ich Jungen spielen. *Muss wohl eine Schule sein,* dachte ich.

»Lebt wohl!«, sagte Mutter wenig später, ohne eine Träne zu vergießen. »Bis bald!«

Die beiden Frauen gingen zur Tür. Auf dem traurigen Gesicht der Nachbarin zeichnete sich die Sorge um uns ab. (Insgeheim hoffte ich, dass sie uns einmal besuchen würde, doch sie kam nie.) An der Tür blieb Mutter stehen, die Hand auf der Klinke. »Vielleicht müsst ihr nicht allzu lange hier bleiben!« Dann schloss sich die Tür, und wir waren uns selbst überlassen. Es war, als hätte Mutter ein Paket abgegeben und vergessen, es je wieder abzuholen.

Wir waren gerade vor dem Mittagessen angekommen, so wurden wir in einen Ess-Saal gebracht, wo ungefähr 65 Kinder an langen Tischen saßen.

»Doris«, sagte die Aufseherin, »du wirst lernen, bei Tisch nicht zu reden. Wenn du etwas willst, heb deine Hand!«

Unsere erste Mahlzeit bestand aus Roten Rüben. »Ich mag keine Roten Rüben«, erklärte ich der Aufseherin.

»Dann wirst du lernen, sie zu mögen«, lautete die Antwort. »Du wirst nicht früher vom Tisch aufstehen, bis sie aufgegessen sind.«

Doch ich war fest entschlossen, keine Roten Rüben in meinen Mund zu lassen. Ich saß da und rührte mich nicht. Die Roten Rüben rührte ich nicht an.

»Doris, iss die Roten Rüben!«, ermahnte mich die Aufseherin. Ich antwortete nicht. Doch ich aß auch nicht. Schließlich wurden die anderen Kinder entlassen. Ich saß immer noch da. Nachmittags nahm mir die Aufseherin den Stuhl weg.

Schließlich kamen die anderen Kinder zum Abendessen zurück. Ich bekam nichts, da ich meine Roten Rüben nicht aufgegessen hatte. Als die anderen Kinder fertig waren, standen sie wieder auf. Ich musste bis 21 Uhr sitzen bleiben. Wieder wurde mir der Stuhl weggenommen. Ich stand vor dem Tisch, doch die Roten Rüben aß ich nicht. Ich dachte schon, ich hätte gewonnen, doch da kam die Aufseherin mit einer dünnen, langen Klatsche zurück und verhaute mich so damit, dass ich es nie vergessen werde.

Anschließend wurde ich in ein Ankleidezimmer geführt. Jedes Kind hatte einen Verschlag mit einem Haken für Kleider und einem Brett darüber für Handtücher. Schuhe wurden daruntergestellt. Die anderen Kinder waren schon im Bett. So zog ich mich allein aus. Die Aufseherin zeigte mir mein Bett, eines von zwanzig, die die Wand säumten. Es begann mir zu dämmern, dass dies eine seltsame Schule war.

»Wird meine Mutter zurückkommen?«, fragte ich.

»Oh, sie wird dich wohl besuchen kommen«, antwortete die Aufseherin ausweichend.

An jenem ersten Abend tat ich etwas, was ich von da an jeden Abend in den nächsten sieben Jahren wiederholte: Ich weinte mich in den Schlaf.

Nach einigen Tagen begann ich die anderen Kinder auszufragen. »Wie nennt man das hier?«

»Es ist ein Waisenhaus«, antworteten sie.

»Ein Waisenhaus?«

Ein großes Mädchen mit dunklem Haar erklärte mir feierlich: »Hier kommst du her, wenn niemand dich will.«

Unsere Mutter hatte sich nicht die Mühe gemacht, sich das Waisenhaus anzusehen. Fräulein Ward, eine füllige Frau mit grauem Haar und blauen Augen, stellte uns der Aufseherin, Fräulein Gabriel, vor. Fräulein Gabriel zeigte uns das Spielzimmer, in dem sich Spielzeug befand, das alle Kinder benutzen durften. An einer Wand befand sich eine lange Reihe von Holzkästen mit Deckeln, in dem jedes Kind seine persönlichen Dinge aufbewahren konnte. Meine war die erste in der Ecke. Doch ich hatte nichts, was ich in meinen Kasten hätte hineinlegen können.

Manchmal fragte ich ein anderes Kind während der Spielzeit, ob ich ein Spielzeug in meinem Kasten aufbewahren könnte. Doch es sagte immer: »Nein. Das gehört mir!« So schaffte ich mir einige Dinge selbst an. Fand ich einen unzerbrochenen Malstift, so ließ ich ihn in meinem Kasten verschwinden, wenn niemand es sah. Oder wenn ich ein Bild malte, steckte ich es in meinen Kasten, damit niemand es verkritzeln konnte. Ich legte meine Sachen immer schön ordentlich übereinander, damit ich, falls erforderlich, schnell zum Weggehen bereit war. *Mutter hat gesagt, wir würden wohl nicht allzu lange bleiben müssen. Vielleicht werden wir ja jede Minute abgeholt,* dachte ich.

Zuerst war ich ein Einzelgänger. Stundenlang saß ich auf einer langen, grünen Bank, baumelte mit den Füßen und überlegte mir, wie ich wohl hier herauskäme. Die Hände hatte ich unter meine Beine gelegt, so wie ich es am Fenster unserer Wohnung getan hatte. *Wann wird Mutter zurückkommen?* Diese Frage stellte ich mir immer wieder.

Wie sehr wünschte ich mir, wieder in der vertrauten Wohnung zu sein! Die Kinder forderten mich auf, mit ihnen zu spielen, doch ich weigerte mich. *Ich werde ja nicht lange hier sein,* sagte ich mir.

Als ich noch zu Hause war, hatte ich eine rote Strickjacke mit braunem Rand und Holzknöpfen bekommen. Diese trug ich jetzt jeden Tag und knöpfte damit Geborgenheit um mich herum. Fräulein Gabriel konnte mich kaum dazu bringen, sie an Waschtagen herzugeben. Sie war noch das einzige Bindeglied zu dem, was ich als Zuhause kannte.

Tage und Wochen vergingen. Mutter kam nicht zurück. Widerstrebend fand ich mich mit der Tatsache ab, dass sie ihr Versprechen wohl nicht halten würde. Scheinbar sollten wir endgültig hierbleiben. Ja, ich nahm an, dass Maria und ich den Rest unseres Lebens hier verbringen würden.

Langsam begann ich mich an die Routine zu gewöhnen. *Wenn ich hart bin, kann ich überleben,* sagte ich mir. Ich drangsalierte die anderen Kinder. Zart war ich nie gewesen. Ich stieß, schubste und schlug. Wenn ein anderes Kind mir sein Spielzeug nicht zeigen wollte, riss ich es ihm weg. Die anderen schlugen mich nicht, doch ich schlug sie, und es tat mir gut. Ich war weder größer noch stärker als die anderen, doch muss ich sehr böse ausgesehen haben.

Der Tagesablauf war ziemlich eintönig. Morgens ertönte eine Klingel zum Aufstehen. Zum Frühstück stellten wir uns in einer Reihe auf. Jeden Tag gab es Brei – zähen, klebrigen, gekochten Brei. Ich gebrauchte meinen Einfallsreichtum bis an die Grenze meines Vermögens und machte einen Plan, um zu vermeiden, dieses Schleimzeug schlucken zu müssen. Zuerst stopfte ich alles in den Mund, was nur hineinging. Meine dicken Backen wurden noch dicker. Dann hob ich meine Hand, um auf die Toilette gehen zu dürfen. Dort spuckte ich alles ins Waschbecken. Das machte ich jeden Morgen.

Bei einem dieser Ausflüge ins Badezimmer spürte ich plötzlich die feste Hand der Aufseherin an meinem Hals. »Komm her, Doris!«, befahl sie. Alle Köpfe im Ess-Saal drehten sich zu mir um. Sie führte mich ins Bad, und ich spuckte das Breizeug direkt in den Ausguss. Dann nahm sie ein Stück Seife und seifte meine Zunge ein. Am nächsten Tag schmeckte der Brei schon etwas besser. Von da an aß ich ihn.

Jeden Dienstag und Donnerstag gab es Buttermilch. Ich hasste dieses weiße, flockige Zeug und zwang andere Mädchen, meine Milch zu trinken. Obgleich sie ihre auch nicht mochten, tranken sie sie immer schnell aus, um die Sache hinter sich zu bringen. Wenn die Aufseherin nicht hinschaute, tauschte ich die Gläser aus. »Wenn du das nicht trinkst, gibt's später im Hof Haue!«, drohte ich. Mein Ruf, gemein zu sein, brachte sie dazu, zähneknirschend zu gehorchen.

Maria und ich spielten nicht oft zusammen. Sie war in einem anderen Teil des Gebäudes bei den Fünfjährigen. Ich war bei den Sechs- bis Achtjährigen. Das Waisenhaus ließ keine engen Beziehungen zwischen Mitgliedern derselben Familie zu, nicht einmal enge Freundschaften unter den einzelnen Kindern. Später entdeckte ich, warum: Wenn ein Kind, das eine enge Freundschaft mit einem anderen eingegangen ist, adoptiert wird, ist das andere tief verletzt.

Allmählich freundete ich mich gut mit Esther an, einem freundlichen, blonden Mädchen, dessen Bett nahe bei meinem stand. Eines Tages, völlig unerwartet, war sie plötzlich fort: Sie war adoptiert worden. Die Mitarbeiter im Waisenhaus bereiteten ihren Abschied vor, als wir anderen in der Schule waren, um das Abschiednehmen zu vermeiden. An jenem Abend, als ich herausfand, dass Esther nicht mehr da war, warf ich mich über mein schmales Bett und weinte bitterlich. Ich wusste: Ich würde sie nie wiedersehen. Die Aufseherin hatte gewarnt: »Lasst euch auf keine engen Freundschaften ein, sonst tut ihr euch selbst weh!«

Fräulein Gabriel, die ich »Engel Gabriel« nannte, beherrschte uns mit der Disziplin eines Feldwebels. Ihr pechschwarzes Haar trug sie in einem Knoten. Sie hatte eine krumme Nase und pechschwarze, stechende Augen. »Ich kann durch euch hindurchblicken«, pflegte sie uns zu versichern, wenn sie uns ohne mit der Wimper zu zucken anstarrte. Und wir glaubten es ihr.

Sie war der festen Meinung, dass Krankheit immer

das Ergebnis von Sünde sei, besonders der Sünde des Ungehorsams gegenüber ihren Anordnungen. Wenn jemand von uns krank wurde, brachte sie diese Krankheit in eine theologische Perspektive. »Es ist der Herrgott! Er straft dich!«, schimpfte sie. »Wenn du nicht so ungezogen wärst, wärst du auch nicht krank.« Wir erduldeten, was wir als des Herrgotts Strafe ansahen, und versuchten herauszufinden, durch welche begangene Sünde wir eine Erkältung, Grippe oder auch nur einen Schnupfen verdient hatten. Doch eines Tages erhielt der »Engel Gabriel« einen Schnellkurs in Theologie: Er erkrankte an Mumps!

Durch meine Ungezogenheit brachte ich mich oft selbst in Schwierigkeiten. Doch selbst wenn ich ungerechterweise bestraft wurde, hatten die anderen Mädchen kein Mitleid mit mir. Ich hatte genug Böses getan, um es zu verdienen. Eines Morgens standen wir in Reih und Glied aufgestellt, um Anweisungen entgegenzunehmen, als ein Mädchen Fräulein Gabriel die Zunge herausstreckte. Impulsiv holte der »Engel« in Richtung auf den Kopf des Mädchens aus. Das Mädchen duckte sich. Ich stand direkt hinter ihm. Mein ganzes Gesicht tat weh von dem Schlag.

»Aber Fräulein Gabriel, ich war es doch gar nicht!«, jammerte ich los – lauter, als nötig gewesen wäre.

»Ich weiß, doch du verdienst es nächste Woche«, versicherte mir Fräulein Gabriel. Sie entschuldigte sich nicht dafür.

An jenem Abend fand mich Fräulein Gabriel, als ich vor dem Einschlafen weinte. »Nicht schon wieder du, Doris!«, murmelte sie und verabreichte mir eine Tracht Prügel. So lernte ich, leise zu weinen, den Kopf unter den Decken vergraben.

Der »Engel« schlug uns auch, wenn wir den Athleten der Oakland Technical High School, die an unser Grundstück angrenzte, beim Training zusahen. Warum das nun verboten war, wird wohl immer eines der undurchdringlichen Geheimnisse des Lebens bleiben.

Als ich älter wurde, rächte ich mich an Fräulein Gabriel bei der Wäsche. Meine Aufgabe war, die gewaschenen Kleider zu sortieren und aufzuhängen. Unsere Kleider wurden sehr gestärkt und dann flach gebügelt. Das zerdrückte alle Rüschen. Die Kleider waren so steif, dass ich sie einzeln mit einem Lineal auseinanderreißen musste. Wenn Fräulein Gabriel nicht hinhörte, sprach ich zu den Kleidern so wie sie zu uns.

»Molly, noch ein Wort und du verschwindest aus dem Esszimmer!«, sagte ich giftig, ganz den Ton des »Engels« nachahmend. Oder: »Jeannie, iss deinen Brei oder ich stopfe ihn dir rein!«

Eine andere Aufgabe, die ich mit neun Jahren hatte, war, den kleinen Mädchen beim Anziehen zu helfen. Eine Fünfjährige machte immer ins Bett. Sie saß absichtlich in ihrem Bett und machte es nass. Ich musste immer ihre Laken wechseln. Schließlich hatte ich die Nase voll. Eines Morgens, nachdem Fräulein Gabriel gegangen war, nahm ich das kleine Mädchen und steckte ihre Nase ins nasse Bett.

»Doris!« Die anderen Mädchen rangen nach Luft. Doch von da an machte die Kleine nie wieder ihr Bett nass.

Obwohl ich in dem Ruf stand, raubeinig zu sein, wollte ich doch mit den anderen spielen. Zuerst stand ich nur am Rand und sah zu. »Wir wollen dich nicht haben!«, sagten mir die anderen. Ich musste lernen, freundlich zu sein. »Bitte, darf ich mitspielen?«, bettelte ich. »Ich verspreche, ich werde euch nicht hauen.« Als ich allmählich lernte, nicht mehr so böse zu sein, nahmen sie mich in ihre Reihen auf.

In der Schule konnte man die Kinder aus dem Waisenhaus leicht an ihren schäbigen Kleidern und dem besonderen Haarschnitt erkennen. An einem bestimmten Tag wurde ein Stuhl auf einen niedrigen Tisch gestellt. Nacheinander krabbelten wir auf den Tisch und schließlich auf den Stuhl. Fräulein Gabriel stülpte einen Topf über unseren Kopf. Das Gefäß war so riesig, dass ich an einen Schirm erinnert wurde. Wir hätten uns darunter verstecken können. Dann schnitt sie unser Haar rundherum ab.

Wenn wir zur Schule marschierten, sahen wir alle gleich aus. Fuhren Autos an uns vorbei, verlangsamten sie ihre Fahrt. Eltern zeigten uns ihren Kindern. *Wir sind alle komische Käuze, und ich bin außerdem auch noch hässlich,* dachte ich.

Zwei Interessen erhielten mich in jenen Jahren bei gesundem Menschenverstand. Eines davon war meine Liebe zu Büchern, das zweite mein Zeichentalent. Nicht einmal der »Engel Gabriel« konnte meinen Hunger nach Lesestoff verhindern. Ich schlich mich in den Aufenthaltsraum und schaute prüfend über die lange Reihe von Büchern, die auf den Regalen standen. Dort fand ich Huckleberry Finn, Tom Sawyer oder Black Beauty und las sie in Raten durch. Über den Seiten brütend, entfloh ich in eine Welt der Abenteuer und herrlicher Erlebnisse. Heidi und die Pollyanna-Bücher verschlang ich.

Doch meine Lieblingsbücher waren die »Old Mother West Wind«-Bände. Als ich von den kleinen Tieren las, die so frei im Wald herumliefen, träumte ich davon, genauso niedlich und bewundernswert zu sein wie die Eichhörnchen.

Manchmal erwischte mich »Engel Gabriel« beim Lesen, wenn ich hätte arbeiten sollen, oder sie fand mich zu verbotener Stunde lesend. Doch die Schläge, die ich bekam, konnten mich nicht von jenen Büchern fernhalten. Sie waren die einzigen Freunde, auf die ich zählen konnte, und sie hoben mich aus der eintönigen und deprimierenden Welt des Waisenhauses heraus.

Neben Lesen war Zeichnen meine Lieblingsbeschäftigung. Ich schaute mir ein Bild an und skizzierte es mit der linken Hand. In der Schule gab es jedoch eine Anordnung, dass alle Kinder die rechte Hand gebrauchen mussten. Mir war das fast unmöglich. Ich schrieb schlecht und begann zu stottern. So sehr ich mich auch anstrengte – die Worte kamen nur bruchstückweise aus meinem Mund.

Eines Tages, als die Lehrerin nicht hinschaute, skizzierte ich ein Bild von Kindern auf einem Hügel, die einen Drachen steigen lassen. »Doris, das hast du doch nicht gemacht!«, schnauzte mich die Lehrerin an, als sie an meinem Pult vorbeiging.

»D-doch.«

»Nein. Das hast du nicht gemacht!«

»Aber s-sicher. D-doch!«

Sie nahm ein Lineal und schlug mir damit über die Fingerknöchel. In dem Moment blickte sie dem Mädchen in der anderen Bankreihe in die Augen. »Hat Doris das gezeichnet?«, fragte sie.

»Ja«, erwiderte das Mädchen schüchtern.

»Wie hast du das nur gemacht, Doris?«, fragte sie ein wenig einlenkend.

»I-ich h-habe es n-nicht mit die-ser Hand, s-sondern mit der g-gemacht«, stammelte ich, indem ich auf meine linke Hand zeigte.

Damit riss sie mir das Bild aus der Hand und ging zum Büro des Direktors. Etwas später brachte mir die Lehrerin eine gute Nachricht: Der Direktor hatte mir erlaubt, meine linke Hand zu gebrauchen!

Es dauerte nicht lange, da bekam ich Freude an der Schule, und schließlich verlor ich auch meinen Sprachfehler wieder. Ich fing tatsächlich an, für meine Leistungen anerkannt und nicht nur nach meinem Aussehen beurteilt zu werden.

Als wir älter wurden, bekamen wir vom Waisenhaus die Erlaubnis, lange Spaziergänge zu machen. Jeden Samstagabend ging ich direkt zum Drugstore an der Ecke, um die Saturday Evening Post anzuschauen. Auf der ersten Seite war meistens eine große Zeichnung von Norman Rockwell abgebildet. Ich studierte sie, analysierte sie und beneidete den Künstler. Insgeheim stieg ein großes Verlangen in mir auf. *Eines Tages werden meine Zeichnungen dort prangen,* sagte ich mir.

Ich pflegte zu warten, bis es dunkel wurde, um meinen Spaziergang zu machen. Dann ging ich so nahe wie möglich an die Häuser heran und schaute durch die Fenster. Ich sah Kinder auf dem Fußboden zusammen spielen oder Familien zusammen essen. Mütter standen in der Küche und kochten. Ich konnte mir nicht vorstellen, wie das sein würde.

Wenn ich dann ins Waisenhaus zurückkehrte, träumte ich davon, wie es sein würde, draußen zu wohnen, wo niemand mich ausschimpfte und wo ich alles zu essen bekam, was ich wollte. Ich könnte sagen, was ich wollte, und niemand würde mir gebieten, den Mund zu halten. Ich könnte jeden Abend saubere Bettwäsche haben und wenn ich wollte, mich zweimal täglich umziehen.

Manchmal, wenn die Aufseherin schlief, schlüpfte ich

aus meinem Bett und tappte auf Fußspitzen den Flur entlang, um mich vor dem langen Spiegel in unserem gemeinsamen Ankleidezimmer aufzubauen. Dann nahm ich meinen Metallkamm, ließ ein paar Tropfen Wasser vom Wasserhahn darauffallen und machte mir eine andere Frisur. Zuerst machte ich auf der linken Seite einen Scheitel, dann auf der rechten und schließlich in der Mitte. Zuletzt kämmte ich es ganz zurück. Mein krauses schwarzes Haar ließ sich einfach nicht frisieren. Die widerspenstigen Locken legten sich immer wieder anders, als ich wollte. Ich beneidete andere Mädchen, die tatsächlich ihre Frisur ändern konnten. Mit meinem schwarzen Wuschelkopf aber konnte ich nichts anfangen.

Da diese Versuche sich in keiner Weise positiv auf meine Erscheinung auswirkten, arbeitete ich an meinem Gesichtsausdruck. Ich zwang mich zu einem Lächeln und beobachtete mich genau – Mund offen, Mund zu, Zähne zeigen, Zähne nicht zeigen. Nachdem ich alle Möglichkeiten ausprobiert hatte, stieg ich wieder ins Bett, um mich wieder in den Schlaf zu weinen.

Auf der Suche nach Liebe

Meine Mutter hatte versprochen, dass sie uns im Waisenhaus besuchen würde, und das tat sie – zweimal in sieben Jahren! Bei ihrem ersten Besuch rannte ich instinktiv auf sie zu. »Mutter! Mutter!«, schrie ich und vergaß ganz ihre Anordnung, sie »Laura« zu nennen. Doch sie stieß mich beiseite, öffnete eine Einkaufstasche und gab Maria ein Geschenk. Nichts hatte sich geändert.

Das Wort »Vater« bedeutete mir wenig. Meine Erinnerung an meinen Vater war nur schwach und verworren.

Wenn andere Kinder von ihren Vätern sprachen, hatte ich nur ein Achselzucken. Doch von den Empfindungen, die ich für Laura hatte, konnte ich mich nicht lösen. Ich klammerte mich an die Hoffnung, dass sie mich eines Tages doch noch lieben würde.

In der Weihnachtszeit hoffte ich besonders, dass Mutter uns mit einem Besuch überraschen würde. Weihnachten im Waisenhaus mag Außenstehenden öde vorgekommen sein, doch für mich war es etwas Besonderes. Ich hatte noch nie zuvor Weihnachten gefeiert. Jedes Jahr bekamen wir die gleichen Geschenke: dunkelbraune Strümpfe mit Strumpfhaltern, eine Orange oder einen Apfel und einen Lutscher. Ein großer Baum wurde in eine Ecke des Aufenthaltsraums gestellt und mit Lichtern und Kugeln geschmückt. Dann wurden Weihnachtslieder gesungen.

Auch ein Weihnachtsspiel wurde aufgeführt. Die Geschichte war genauso vorprogrammiert wie die Geschenke: Ein zerlumptes Mädchen wird vom Weihnachtsmann überrascht, der ihm immer das bringt, was es sich wünschte. Wir wunderten uns immer, warum er das Gleiche nicht für uns tat. Von der eigentlichen Bedeutung des Weihnachtsfests hatten wir keine Ahnung. Der Weihnachtsmann, ein schwach erleuchteter Baum und ein Spiel – das war alles, was diese Feiertage für uns beinhalteten. Gott war für uns nur ein Wort – ein Wort, das Erwachsene in den Mund nahmen, wenn sie zornig wurden.

Zu dem Spiel wurden die Eltern eingeladen. Einige kamen und nahmen ihre Kinder über Weihnachten sogar mit nach Hause. Doch unsere Mutter ließ sich nicht blicken. Kein Grußwort, keine Geschenke, kein Besuch. Nichts. Ein Kind, das von seinen Eltern besucht wurde, hänselte uns: »Meine Eltern haben mich lieb, eure nicht.«

Ich wandte mich ab. Tränen verschleierten meinen Blick. *Ach, wenn mich doch jemand lieb hätte!*

Ein Ereignis im Waisenhaus gab es jedoch, das ich immer sehnlichst erwartete. Mit unverhohlener Freude und Erwartung sprachen die Kinder davon. Einmal im Monat kamen Eltern ins Waisenhaus, um sich die Kinder anzuschauen – für den Fall, dass sie eines fänden, das sie haben wollten.

Unsere Unterhaltung wurde immer lebhafter, je näher der Tag heranrückte. Wie würde es wohl sein, bei Pflegeeltern zu wohnen? Würden wir unser eigenes Zimmer, neue Kleider und eine moderne Frisur haben? Krampfhaft versuchten wir, uns ein Bild zu machen von dem, was Freiheit wohl bedeuten würde: Vielleicht wären wir wie die anderen Kinder in der Schule! Und vielleicht – vielleicht – würden wir sogar adoptiert werden und immer in einer Familie leben. Unsere Fantasie kannte keine Grenzen; wir machten Kulleraugen vor lauter Aufregung.

An dem bewussten Tag betraten wir alle einen großen Raum. Unsere Schuhe waren geputzt, die Gesichter gewaschen und die Haare gekämmt. Wir standen in Reih und Glied und versuchten verzweifelt, unser bestes Benehmen an den Tag zu legen. *Heute wird mich jemand lieb gewinnen!*

Die Eltern kamen herein. Alle waren gut angezogen und sahen gepflegt aus. Wir konnten ihre gedämpfte Unterhaltung verstehen. »Sie ist niedlich, nicht wahr?«, oder: »Hier ist eine, über die es sich reden lässt.« Mein Herz schlug schneller. *Versucht es doch mit mir!*, schrie ich innerlich in der Hoffnung, dass irgendjemand mich anschauen würde und mich haben wollte.

Doch mein Tag kam nie. Betty wurde ausgesucht; dann Jane, Lily und Barbara, doch ich nicht. Virginia war ganz aufgeregt, als sie ihre Sachen packte, um in ihr neues Zuhause zu ziehen. Wie ich sie beneidete! *Wenn mich doch auch jemand nehmen würde!* Manchmal sah ich eine elegant aussehende Dame und stellte mir in meiner Fantasie vor, dass sie mich aussuchen und schön machen würde. *Hier bin ich! Versuch's doch mit mir! Ich werde dir auch eine gute Tochter sein!* Doch bald hatte ich kapiert. Nur hübsche Kinder wurden ausgesucht.

Es musste doch einen Grund geben, warum ich so total abgelehnt wurde! Schließlich kam ich zu dem Schluss, dass ich das hässlichste Kind sein musste, das es je gegeben hatte. Ich fühlte mich innerlich so hässlich, dass ich glaubte, ich sei auch äußerlich hässlich. Ich analysierte mich gründlich von oben bis unten. *Vielleicht ist es mein Kraushaar oder meine Nase.* Alle anderen hatten eine Stupsnase, meine ragte nur einfach heraus. Vielleicht war es meine Hautfarbe. Ich hatte eine dunklere Haut als die anderen. Und ich war pummelig – richtig dick.

Maria war alles, was ich sein wollte. Sie hatte wie ich braune Augen. Doch ihre waren schön. Auch sie hatte dunkles Haar, doch ihres ließ sich legen. Ihre Hautfarbe war heller als meine. Sie war viel dünner und hatte ein ovales Gesicht wie Mutter – und kein so rundes wie ich.

Manchmal starrte ich sie so lange an, bis sie sagte: »Hör auf, mich anzustarren!« Ich suchte nach einer Möglichkeit, so auszusehen wie sie. Doch es gab keine.

Meine Angst vor jenen »Besuchstagen« wuchs von Monat zu Monat. Zweifellos reflektierte ich die Abweisung, die ich innerlich empfand, nach außen. Ich muss trotzig und verdrießlich ausgesehen haben. Mit hängenden Schultern ließ ich die Qual jener Aufmärsche über mich ergehen. Ich konnte nicht mit erwartungsvollem Lächeln aufblicken wie die niedlichen Kinder.

Ich verabscheute es, mich von Menschen unter die Lupe nehmen zu lassen, die mich doch nie annehmen würden. Deshalb versteckte ich mich. Fräulein Gabriel schickte jemanden, um mich zu suchen, und mit schmutzigem, tränenverschmiertem Gesicht wurde ich dann ins Zimmer gezerrt. Natürlich wollte niemand ein Mädchen, das ungezogen aussah.

Kurz vor meinem dreizehnten Geburtstag besuchte eine Gruppe von Studenten der Universität von Kalifornien das Waisenhaus. Sie forderten uns auf, uns alle auf den Boden zu setzen, sie würden eine biblische Geschichte erzählen. Unsere Neugier war geweckt. Voll Misstrauen setzte ich mich vorsichtig in die letzte Reihe, da ich nicht wusste, was auf mich zukam. Die jungen Leute brachten uns einige kurze Lieder bei und erzählten uns eine Geschichte. »Jesus Christus starb am Kreuz für jeden von uns, und Gott liebt dich!«, sagte uns ein Mädchen.

Das ist gelogen! Das stimmt nicht! Niemand liebt mich!, wollte ich schreien. Vielleicht liebt Gott jemanden, irgendwo, doch um mich kümmerte er sich offensichtlich nicht.

Die Studentin fuhr fort: »Wenn du Gottes Liebe annehmen möchtest, komm bitte nach vorn und sprich mit uns.«

Niemand rührte sich. Dicht gedrängt saßen die Kinder auf dem Fußboden. Einen Augenblick lang überlegte ich, ob ich aufstehen und vorsichtig nach vorn gehen sollte; doch ich wagte es nicht. Einige der Kinder, die ich misshandelt hatte, saßen direkt vor mir. Wäre ich nach vorn gegangen, hätte mir sicherlich jemand ein Bein gestellt.

Die Studenten packten ihr Material zusammen und standen auf. Als sie zur Tür gingen, wandte sich eine von ihnen nochmals um und sagte langsam: »Kinder, selbst wenn ihr alles vergesst, was wir euch gesagt haben, denkt immer an eins: Gott liebt euch!« Sie sprach so voller Eindringlichkeit, dass ich überwältigt war. Ich packte diese Liebe beim Schopfe! In meinem Herzen wusste ich, dass es stimmte. Ich fand keine Worte, um das zu erklären, doch ich wusste: Er liebt mich!

Einige der Kinder standen schon auf, um hinauszugehen, doch ich blieb sitzen und riskierte es, mit Gott zu reden. »Sie haben gesagt, dass du mich liebst. Niemand anders tut es. Wenn du mich willst, kannst du mich haben!« Augenblicklich empfand ich, dass Gott neben mir, ja, in mir war. Ein nie gekannter Friede erfüllte mich. Das musste Gott sein!

An jenem Abend weinte ich vor Freude – ich hatte jemanden gefunden, der mich liebt. »Ach, Doris, warum weinst du denn schon wieder?«, fragte der »Engel« mit offensichtlichem Verdruss. Wie konnte sie mich verstehen? Zum ersten Mal in meinem Leben wusste ich, dass mich jemand liebte. Ich bekam an jenem Abend wieder Prügel, weil ich weinte, doch es tat nicht mehr so weh wie früher. Ich hatte einen Freund gefunden.

Einige Wochen später kam eine freundliche Aufseherin, Irma Fremm, ins Waisenhaus. »Doris, möchtest du nicht mit mir zur Kirche gehen«, fragte sie eines Sonntagmorgens.

»Zur Kirche gehen? Gerne!« Das Waisenhauspersonal gab mir die Erlaubnis, die Gospel Tabernacle Church in Oakland zu besuchen. Fräulein Fremm ermutigte mich in meiner Entscheidung, die ich getroffen hatte, Gottes Liebe anzunehmen. Und dort im Gospel Tabernacle lernte ich zum ersten Mal Christen kennen. Von dem, was im Gottesdienst vor sich ging, verstand ich nur wenig; die

Lieder waren mir fremd, die Predigten gingen über meinen Verstand hinaus. Doch ganz allmählich begann ich zusammenzustückeln, was an jenem Tag im Waisenhaus geschehen war: Gott hatte mich angenommen aufgrund dessen, was Jesus Christus für mich getan hatte, indem er am Kreuz für mich starb. Jemand hatte mich so geliebt, um für mich zu sterben! Gott liebte mich so, wie ich war – egal wie ich aussah.

Eines Tages rief Fräulein Fremm: »Doris, ich habe hier etwas für dich – ein Geschenk.« Sie hielt ein kleines Päckchen in der Hand. Vorsichtig packte ich es aus. Ich war zu aufgeregt, um sprechen zu können. Es war ein kleines schwarzes Büchlein mit der Aufschrift **DAS NEUE TESTAMENT**. Tränen verschleierten meine Augen. Dies war das erste Mal, dass mir jemand etwas schenkte. Und es war die Bibel – ein Buch, das mir helfen sollte, mein Verhältnis zu Gott zu verstehen.

Einige Monate nach meinem dreizehnten Geburtstag wurden Maria und ich aus dem Waisenhaus entlassen. Es war nur für Kinder bis zu zwölf Jahren bestimmt, danach wurden sie in Pflegeheime überwiesen. Meine Schwester hatte kurze Zeit bei Pflegeeltern gewohnt, doch dann wurde sie wieder ins Waisenhaus zurückgeschickt. Ich war froh, als sie wieder zurückkam. Immer noch fühlte ich mich für sie verantwortlich und war erleichtert, als ich erfuhr, dass wir das Waisenhaus gemeinsam verlassen würden.

Allerdings machte ich mir Sorgen, wie sich unser Leben jetzt gestalten würde. Die Leute draußen arbeiteten, um Geld zu verdienen. Wer würde mir beibringen, wie man arbeitet? Im Waisenhaus bestimmte Fräulein Gabriel jeden Tag, was wir anziehen sollten. Obwohl ich nie mehr als drei Kleider besaß, war mir die Wahl, welches

Kleid ich nun anziehen sollte, abgenommen. Würde ich je wissen, wie man sich anzieht? Würde ich vernünftig aussehen?

Maria ging nur widerwillig fort, doch das nächste Kapitel unseres Lebens war bereits geplant. Ängstlich und besorgt sagten wir unseren Freunden im Waisenhaus Lebewohl. Wir gingen in das Leben hinaus. Doch bald sollten wir zu der Einsicht kommen, dass unsere Tage im Waisenhaus glücklich gewesen waren – im Vergleich zu dem Albtraum, der bald beginnen sollte. In unserer neuen Pflegestelle konnten wir uns nicht mehr sicher sein, ob wir etwas zum Essen und Anziehen haben würden. Das Waisenhaus hatte uns, trotz Fräulein Gabriel, ein gewisses Gefühl der Geborgenheit vermittelt, und wir wussten, dass wir dorthin gehörten. Jetzt waren wir auf uns selbst gestellt.

Mutter, wo bist du?

Ich erinnere mich noch gut an ihr Gesicht: tiefe Falten, graue Augen, ein immer finsterer Blick und kurze, graue Haare. Sie war groß, ungefähr 65 Jahre alt. Wir nannten sie »Granny«. Maria und ich wurden in ihr Haus gebracht, um uns dort an die Welt außerhalb des Waisenhauses zu gewöhnen.

Wir kamen im Herbst zu Granny, und so besuchte ich die Woodrow Wilson Junior High School in Oakland. Maria ging in eine Grundschule in der Nähe. Es wurde uns nicht gesagt, warum Granny die Aufsichtspflicht über uns erhielt, doch später wurde uns klar, dass diese Frau unsere Mutter kennen musste. Am Tag nach unserer Ankunft wurden wir gleich gut eingeführt. »Wenn ihr nicht gehorcht, gibt's dies da«, warnte sie uns, indem sie uns mit der flachen Hand ins Gesicht schlug. Die Schläge taten gehörig weh, doch Maria und ich versuchten nicht zu weinen.

Zu den Mahlzeiten durften wir nicht am Tisch sitzen. Wir sollten uns von den Überresten ernähren. Zu ängstlich, um uns zu beklagen, versuchten wir die Situation anzunehmen.

»Ihr habt Glück, dass ihr hier sein könnt. Wenn es uns nicht gäbe, würdet ihr jetzt auf der Straße sitzen!«, schrie sie. Ihre Sätze waren reichlich mit Flüchen gepfeffert. Ihr sanftmütiger Mann ignorierte uns und ließ seine streitsüchtige Frau hilflos gewähren.

Wenn sie uns zum Einkaufen schickte, durften wir uns nichts aufschreiben. Milch, Brot, einen Salatkopf, eine Dose Erbsen – sie rasselte so viel herunter, dass man zwei Taschen damit füllen konnte. Wenn wir etwas vergaßen, zog sie uns mit einem Besenstiel eins über die Beine.

Die Warnung meiner Mutter, gut auf Maria aufzupassen, steckte immer noch in mir. Einmal, als Granny drohte, Maria zu schlagen, stellte ich mich zwischen sie. »Schlag mich anstatt sie!«, bat ich. Granny hielt das für eine gute Idee.

Wie dankte ich Gott für den acht Kilometer langen Schulweg an jedem Tag! Ich hatte keine Freundinnen und hatte Angst, mit anderen Kindern zu sprechen, weil ich nicht wollte, dass sie mir Fragen über meine Eltern oder die Familie stellten, bei der ich wohnte. Doch auf meinem Schulweg in der frischen Luft sprach ich laut mit Gott. »Du musst mir einfach helfen. Niemand anders kümmert sich um mich. Bitte, Gott, bitte!«

Eines Tages bekamen wir von Granny einen strikten

Befehl: »Sucht eure Mutter! Sie soll mir Geld für euch geben. Wenn nicht, werde ich dich und deine Schwester fortschicken.«

»Ich weiß aber nicht, wo sie ist«, protestierte ich.

»Dann such sie – und bring mir Geld. Wehe, wenn ihr mit leeren Händen zurückkommt!«

»Aber wie sollen wir sie denn finden?«, flehte ich.

»Das ist mir egal. Das liegt an euch!« Damit wandte Granny sich ab und ging davon.

Maria und ich gingen hinaus und suchten die Straßen Oaklands nach unserer Mutter ab. Wir wussten nur, dass sie irgendwo Kellnerin war. Grannys Worte klangen uns in den Ohren: »Wehe, wenn ihr ohne Geld zurückkommt! Dann werde ich euch fortschicken!«

Verzweifelt suchten wir im Geschäftsviertel von Oakland und gingen von Restaurant zu Restaurant. Maria blieb an der Tür stehen, während ich mich so weit wie möglich in das Restaurant hineinwagte, um die Kellnerinnen anzuschauen. Stundenlang waren wir auf der Suche. Die Panik trieb uns weiter.

Beim Anblick der Speisekarten in den Fenstern und beim Duft herrlicher Speisen knurrten unsere Mägen noch mehr. *Wenn wir uns doch nur hinsetzen und essen könnten!* Wir hatten weder Mäntel noch Strickjacken. Als die Sonne unterging, begannen wir furchtbar zu frieren. Maria fing an zu weinen. Doch wir wussten ja, dass wir nicht mit leeren Händen zurückkommen durften.

»Herr, hilf uns, sie zu finden!«, betete ich und versuchte nicht zu weinen. Das nächste Restaurant war ziemlich schäbig, innen so dunkel wie die schwach erleuchteten Straßen. Wiederum blieb Maria am Eingang stehen. Als ich mich durch die Tür drängte, stieß ich gegen Gäste, die herauskamen. Mein Blick heftete sich auf einen Mann, der eine weiße Kochmütze trug. »Ich suche meine Mutter, mein Herr. Sie ist Kellnerin.«

»Wir haben hier niemanden mit Kindern«, lautete die schroffe Antwort.

Doch auf der anderen Seite des Raums entdeckte ich meine Mutter, sie nahm gerade eine Bestellung auf. Sie förmlich mit den Augen verschlingend, rief ich durch das Restaurant: »Mutter!«

»Ich bin nicht deine Mutter!«, fuhr sie mich an. Dann zischte sie, indem sie mich von den Tischen weg außer Hörweite der Gäste zog: »Ich werde dem Manager sagen, dass du meine Schwester bist. Was willst du eigentlich hier?«

»Wir brauchen Geld.«

»Ich habe keins!«

»Aber Granny hat gesagt, sie würde uns hinauswerfen, wenn ...«

»Sag ihr einfach, dass ich keins habe!«, unterbrach sie mich. Damit wandte sie sich ab.

Wie benommen verließen Maria und ich das Restaurant. Als wir durch die Tür auf die dunkle Straße hinaustraten, kamen mir die Tränen. »Gott, warum hast du uns enttäuscht? Du hast uns zu dem richtigen Restaurant geführt. Wir haben Mutter gefunden – mit deiner Hilfe – und jetzt sieh doch, was geschehen ist!« Mutter hatte uns öffentlich verleugnet. Wir standen zitternd vor ihr, doch sie hatte kein Mitleid mit unserer Not. Mit leeren Händen schickte sie uns zu Granny zurück.

Die alte Frau wartete mit einem Stock auf uns. Wütend schlug sie auf mich ein und fluchte, weil ich kein Geld gebracht hatte. Dann schüttelte sie mich heftig und würgte mich an der Kehle. Keuchend, nach Luft ringend, flehte ich sie an, aufzuhören. Maria wurde hysterisch. »Doris wird sterben! Sie wird sterben! Lass sie los!«

»Mach, dass du verschwindest!«

Ihr Griff wurde fester. »Ich sollte dich erwürgen. Das würde deine Mutter freuen, und wir brauchten uns um Geld keine Sorgen zu machen!«, schrie sie außer sich, indem sie mich abermals durchschüttelte und würgte. Anschließend sperrte sie mich in einen Schrank ein und verschloss die Tür.

»Da bleibst du und denkst darüber nach, was du angerichtet hast. Und wenn ich dir das nächste Mal einen Auftrag gebe, komme mir ja nicht nach Hause, bis er ausgeführt ist!«

Stunden später durfte ich endlich ins Bett gehen. Zum ersten Mal hatte ich den Gedanken, wegzulaufen. »Aber wo soll ich hingehen, Herr?«, flehte ich zu Gott. Maria war zwölf, ich war dreizehn, und diese Frau hatte die Aufsichtspflicht für uns. Wir wussten ja nicht, wohin wir gehen sollten. Es blieb uns also nichts anderes übrig, als zu bleiben.

Ich wusste noch nicht viel von Gott, ich hatte ihn ja erst vor einigen Monaten lieb gewonnen. Doch ich wusste, dass er sich um mich kümmerte. Wenn das Leben unerträglich wurde, was oft geschah, dann würde er immer einen Ausweg schaffen. Sicherlich würde er uns irgendwie und irgendwann helfen. Jeden Tag las ich in dem Neuen Testament, das Irma Fremm mir gegeben hatte. Vieles daraus verwirrte mich, doch einige Verse, die unterstrichen waren, lernte ich auswendig: »›Ich will dich nicht versäumen und dich nicht verlassen‹; sodass wir kühn sagen können: ›Der Herr ist mein Helfer, und ich will mich nicht fürchten; was wird mir ein Mensch tun?‹« (Hebräer 13,5b-6). »Euer Herz werde nicht bestürzt. Ihr glaubt an Gott, glaubt auch an mich!« (Johannes 14,1).

Weniger als eine Woche nach der bitteren Begegnung mit unserer Mutter kamen wir eines Tages von der Schule zurück und fanden eine andere Frau vor. Sie sagte uns, dass unsere Sachen schon in ihrem Auto seien und dass sie uns woanders hinbringen würde. Granny hatte Wort gehalten. Wir hatten ihr kein Geld gebracht; nun mussten wir fort. Wir hatten nichts zu verlieren. Bestürzt sagten wir Granny Lebewohl.

Es war nur eine kurze Fahrt, ungefähr vier Kilometer. Vor einem großen, weiß verputzten Haus mit gepflegtem Garten und Spielplatz fuhren wir vor. Eine Gruppe von Mädchen ging lässig auf dem Weg spazieren, während wir die Schachtel mit unseren Sachen aus dem Wagen holten. Später erfuhren wir, dass dieses Haus für Mädchen war, die dem Vormundschaftsgericht unterstanden. Die meisten waren älter als wir, doch hier bei ihnen leben zu dürfen, war uns eine willkommene Unterbrechung der Grausamkeiten, die wir in den letzten Monaten erfahren hatten.

Hier gab ich zum ersten Mal weiter, was ich von der Liebe Christi wusste. Ich erklärte den anderen Mädchen, dass Jesus unsere Sünde vergeben und uns zu Gott bringen könne. Einige schienen interessiert und stellten mir gezielte Fragen, die ich kaum beantworten konnte. Ein sehr verbittertes Mädchen, das mein verhältnismäßig fröhliches Wesen spürte, fuhr mich an: »Kapierst du denn nicht, dass niemand sich um uns kümmert?«

»Das weiß ich. Aber Jesus Christus kümmert sich um uns.«

»Was bedeutet das schon? Er hilft dir doch nicht!« Damit drehte sie sich um und ging. Doch ich war immer noch davon überzeugt, dass mein Glaube an Gott viel Gutes bewirkt hatte. Ich weiß, dass ich auch verbittert gewesen wäre ohne die Gewissheit, dass er mich liebte.

Das Essen in dem Heim war köstlich – jedenfalls empfanden Maria und ich es so! Zum ersten Mal hatte mein Bett eine Bettdecke, und jede von uns hatte eine Schublade. Glücklicherweise konnte ich dieselbe Schule wie bisher besuchen. Dieses Heim war wie ein Zufluchtsort. Ich hoffte, dass wir nie wieder wegmüssten.

Doch nach vier Monaten wurde Maria und mir eröffnet, dass wir in einen Privathaushalt verlegt würden. Wir begrüßten diese Nachricht voller Aufregung. Vielleicht würde ich endlich jemanden finden, der mich wirklich lieb hatte! Wir packten unsere Siebensachen in Pappschachteln und warteten auf das Auto, das uns zu unserer nächsten Familie bringen sollte.

Herr, es tut ja so weh

Es klingelte an der Tür des Mädchenheims. Ich ging durch die große Halle, um die riesige Tür zu öffnen. Wie festgewurzelt blieb ich stehen. Vor mir stand Granny mit dem gleichen grimmigen und zornigen Gesichtsausdruck wie immer. *Müssen wir etwa zurück in ihr Haus?*, schauderte ich. Mit ihr war eine Frau gekommen, die ich zuvor noch nie gesehen hatte.

»Wir sind gekommen, um euch zu einer Familie zu bringen, die in San Francisco wohnt.«

Ich war erleichtert. »Erzählen Sie uns mehr von ihr – was ist das für eine Familie?«

»Sie heißt Makin. Sie kennen deine Mutter.«

Das war keine besonders ermutigende Nachricht. Wir

stiegen ins Auto und fuhren zur Fähre, die uns über die Bucht brachte. Die Fähre machte fest, und in wenigen Augenblicken hielt das Auto vor einem dunklen, schäbigen Haus.

Herr und Frau Makin begrüßten uns an der Tür. Ein kleiner, stämmiger Mann mit schwarzem Haar, breiter Brust und schlecht rasiert. Er erinnerte mich an einen Gorilla. Frau Makin hatte eine fahle Gesichtsfarbe und graues, in der Mitte gescheiteltes Haar. Sie hatten einen 15-jährigen Sohn und Susanne, eine Tochter, die fast in Marias Alter war. Sie waren froh, dass wir zu ihnen gekommen waren; denn von jetzt an würden Maria und ich alle Hausarbeit machen.

Weniger als acht Monate waren vergangen, seitdem Maria und ich das Waisenhaus verlassen hatten. Wir hatten vielleicht vier Monate bei Granny und ungefähr vier Monate in dem Mädchenheim verbracht. Mein vierzehnter Geburtstag stand unmittelbar bevor; Maria war noch zwölf. Unser Umzug nach San Francisco machte es notwendig, dass wir beide die John Swett Junior High School besuchten.

Am Tag unserer Ankunft bei den Makins wurde mir eröffnet, dass ich nicht mit den Makins am Tisch essen dürfte. Diese Familie kannte zweifellos meine Mutter – Maria durfte mit ihnen am Tisch essen. Außerdem bekam ich nur etwas zu essen, wenn Überreste da waren. Wenn nichts übrig blieb, musste ich leer ausgehen.

Ihr Lieblingsgericht bestand aus Fisch. Nachdem die Familie gegessen hatte, blieben mir, wie versprochen, die Überreste. Frau Makin nahm den Kopf und den Schwanz (wenn ich Glück hatte, gab es zwei Köpfe und zwei Schwänze), warf sie in einen Topf mit kochender Milch aus Milchpulver, und das war dann meine Mahlzeit.

Wie ekelte ich mich vor dem perligen Fischauge, das mich anstarrte! Es erinnerte mich an Fräulein Gabriel, deren Knopfaugen durch uns hindurchzublicken schienen. Bis auf den heutigen Tag (obwohl ich Fisch esse), schüttelt es mich beim Anblick eines Fisches, der im Ganzen gegart wird. Diese Augen wecken Erinnerungen, die ich seit Langem zu begraben suche.

Maria verbrachte die meiste Zeit beim Spielen mit Susanne. Ich wischte Staub, wusch Wäsche, hackte Holz und scheuerte die Fußböden.

Doch schlimmer als die Fischköpfe und die harte Arbeit waren die unverdienten Schläge, die ich regelmäßig erhielt. Die Makins zankten sich, fluchten und schimpften und ließen dann ihren Zorn an mir aus. Maria oder ihre Kinder schlugen sie nie. Doch ich wurde gnadenlos geprügelt.

Oft kroch ich in die Kleiderkammer der Makins und weinte mir fast die Augen aus. Manchmal fragte ich Maria: »Warum tun sie das nur mit mir?«

»Ich weiß es nicht«, sagte sie dann nur. Machte sie sich überhaupt etwas aus mir? Ich weiß es nicht. Doch selbst wenn sie es tat, wagte sie es nicht, sich auf meine Seite zu stellen, sonst hätte sie riskiert, genauso behandelt zu werden. Maria und ich sprachen nie von unseren grausamen Umständen, noch versuchten wir die Gründe für unsere Zurückweisung zu analysieren. So war unser Leben ja immer gewesen. Wir kannten es nicht anders.

Dabei sehnte ich mich so sehr nach Liebe, vielleicht zu sehr. Hatte ich das Geschirr gewaschen oder die Wäsche, dann wünschte ich mir, dass jemand sagte: »Doris, das hast du aber gut gemacht!« Was musste ich tun, um Menschen dazu zu bringen, »Danke schön« zu sagen? Ich versuchte so sehr, gefällig zu sein, doch alle Bemühungen fruchteten nichts.

Ich wurde für meine Arbeit nicht bezahlt. Wenn ich die Gelegenheit hatte, für Nachbarn Babysitting zu machen, nahmen mir die Makins das Geld wieder ab. »Das ist für deinen Unterhalt«, pflegten sie zu sagen.

Maria und ich mussten Schlange stehen, um von der Arbeiterwohlfahrt unsere Kleider in Empfang zu nehmen. Danach gingen wir mit unserer kostbaren Last nach Hause: Hosen, die wie Säcke an uns hingen, komische Unterwäsche und übergroße Stiefel.

Ich hatte ein Rollbett, das im Flur zwischen dem Ess- und dem Schlafzimmer der Makins stand. Maria schlief bei Susanne. Oft tasteten sich fremde Männer an meinem Bett vorbei ins Schlafzimmer von Frau Makin. Eines Nachts blieb ein Mann neben meinem Bett stehen und zog mir die Bettdecke weg, um mich zu ärgern. Ich schlug um mich und schrie; daraufhin suchte er das Weite.

Obwohl mir kein Mensch etwas von Keuschheit gesagt hatte, wusste ich instinktiv, dass sexuelle Beziehungen außerhalb der Ehe Sünde waren. »Herr, halte mich rein!«, betete ich.

Im Nachhinein glaube ich tatsächlich, dass die Makins hofften, ich würde irgendeinem Laster verfallen. Aus ihrem Hass auf mich und ihrer Zuneigung zu Maria schloss ich, dass sie einen Grund suchten, sich meiner zu entledigen.

Mutter besuchte uns zweimal, solange wir bei Makins waren. Trotz der tiefen inneren Wunden der Vergangenheit freute ich mich jedes Mal, sie zu sehen. »Mutter!«, schrie ich.

»Du sollst mich nicht ›Mutter‹ nennen! Nenne mich

›Laura‹. Ich bin nicht gekommen, um *dich* zu besuchen. Wo ist Maria? Ich habe ihr etwas mitgebracht.«

Ein heftiger Schmerz durchzuckte mich. Voll Bitterkeit und Grimm wandte ich mich ab. An jenem Tag begann ich endlich einzusehen, dass sie mich nie lieben würde. Ich war jetzt alt genug, um den Grund ihrer Ablehnung zu verstehen. Wenn ich meine Lebensjahre von denen meiner Mutter abzog, wurde mir klar, dass sie erst fünfzehn war, als ich geboren wurde. Obgleich sie nie darüber sprach, hatte ich den Verdacht, dass die Schwangerschaft sie in eine vorzeitige Ehe hineingetrieben hatte.

Dieses Wissen half mir weder, meine Bitterkeit zu überwinden, noch, meine Sehnsucht nach Liebe zu stillen. Ich wusste nicht, wohin ich mich wenden sollte. Der Einzige, der mir blieb, war Gott. Jeden Morgen vor der Schule ging ich ins Badezimmer, schloss die Tür und kniete mich neben der weißen Badewanne nieder. Ich nahm mein Neues Testament, das ich in meiner Handtasche verborgen hatte, und las darin. Ich musste es verstecken, sonst hätte man es mir weggenommen. Dieses Büchlein war für mich wie eine Sammlung von Liebesbriefen, ein Geheimnis zwischen meinem Herrn und mir. Niemand sagte mir, dass ich Teile davon auswendig lernen sollte. Doch wenn die Worte mich ansprachen, wollte ich sie im Sinn behalten. Besondere Verse unterstrich ich. Manchmal schrieb ich ein Datum daneben. Dann bat ich Gott, mir an jenem Tag in der Schule zu helfen. Es wäre mir nicht in den Sinn gekommen, einen Tag zu beginnen, ohne in jenem Badezimmer zu beten. Wie grausam ich auch behandelt wurde, ich hatte einen Freund – Gott!

Oft hatte ich Angst, nach Hause zu gehen, weil ich

ahnte, dass ich wahrscheinlich wieder Schläge bekommen würde. So ging ich in eine dunkle Gasse in der Nähe des Hauses und schlief auf dem kalten Steinfußboden. Das war immer noch erträglicher als die Schläge, die ich an der Haustür der Makins bekam.

Manchmal sprach Gott fast hörbar zu mir. Bei meinen Wanderungen auf den Straßen von San Francisco sah ich wunderschön angezogene Schaufensterpuppen in den Schaufenstern stehen. *Ach, wenn ich doch nur ein einziges neues Kleid haben könnte!*, seufzte ich. Dann war es, als hörte ich den Herrn sagen: »Doris, du bist wunderschön angezogen, nicht mit Kleidern, die menschliche Augen sehen, sondern mit der Gerechtigkeit Jesu Christi.«

Oft hatte ich ein heftiges Verlangen nach einer vernünftigen Mahlzeit. Ging ich dann an Restaurants oder Bäckereien vorbei, wurde mein Hungergefühl fast unerträglich. Manchmal dachte ich sogar daran zu stehlen. Doch dann erinnerte mich der Herr: »Der Mensch lebt nicht vom Brot allein.«

In den Geschäften sah ich oft Mann und Frau Arm in Arm gehen. Oder ich beobachtete, wie sie ihre Kinder liebkosten. *Herr, wenn ich doch nur jemanden hätte, der meine Hand hält!*

Dann war es, als sagte mir der Herr: »Doris, ich werde dein Vater und deine Mutter sein, dein Bruder und deine Schwester. Ich werde bei dir sein; ich bin sogar in dir.« Gott sei Dank, er hat mich nicht verlassen.

Tagelang litt ich unter schweren Depressionen. Wiederholt fragte ich mich, ob ich wohl je frei werden würde von dem Schmerz und der Seelenqual in meinem Herzen.

Obwohl die Makins nur wenig Luxus hatten, besaßen sie doch ein großes Radio in der Nähe des Wohnzimmerfensters. Es wurde nur bei besonderen Programmen angestellt und durfte nie von mir angetastet werden. Doch eines Sonntagnachmittags, als alle weggegangen waren, stellte ich es an und fand zufällig das christliche Programm von Charles E. Fuller, »The Old-Fashioned Revival Hour«. Meine verlangende Seele sog die schöne Musik und die Ansprache wie ein Schwamm auf. Jeden Sonntagnachmittag pflegte ich darum zu beten, dass die Familie aus dem Haus gehen möge, damit ich die Sendung hören könnte.

Eines Sonntags verließ ich still das Haus und ging durch die Straßen, auf der Suche nach einer Kirche, wo ich mehr von Gott hören und jemanden finden könnte, der sich meiner annahm. Unwillkürlich wählte ich eine große Kirche an der Ecke, ging hinein und setzte mich in eine der hinteren Reihen. Der Pastor gab an jenem Morgen einen literarischen Bericht über ein Buch. *Das scheint doch nicht ganz das Richtige zu sein,* sagte ich mir auf dem Weg nach Hause.

Am folgenden Sonntag suchte ich mir eine andere Kirche, wo der Pastor dasselbe sagte wie das, was ich drüben in Oakland gehört hatte. Instinktiv wusste ich, dass dieser Mann verstand, was ich erlebt hatte: Gott ist Realität, und wir können uns auf seine Liebe verlassen.

Nach dem Gottesdienst stellte ich mich dem Pfarrer – Dr. Lewis Jullianell – vor. Ich stellte fest, dass ich in der First Baptist Church von San Francisco gelandet war. Mehrere Wochen später erzählte ich ihm einiges aus meinem Leben, voller Angst, dass die Makins davon erfahren würden. Dr. Jullianell zeigte Mitgefühl, und um mich zu ermutigen, ließ er mich im Gottesdienst das Schriftwort lesen. Andere Gemeindeglieder luden mich ein, an Straßenversammlungen am Union Square in San

Francisco teilzunehmen. Mein Vertrauen, das Evangelium weiterzugeben, wurde gestärkt. Dort in der First Baptist Church wollte ich mich öffentlich mit allen Gläubigen identifizieren: Ich wurde getauft.

Um mich davon abzuhalten, zur Kirche zu gehen, befahlen mir die Makins, dass ich erst genügend Holz für ihren Holzofen hacken müsse. Obgleich sie mir einen unglaublich großen Holzstoß gaben, schwang ich die Axt mit solcher Wucht, dass ich rechtzeitig fertig wurde. Ich hätte alles getan, um zur Kirche gehen zu können.

In der Schule versuchte ich freundlich zu sein, doch niemals hatte ich eine enge Freundin. Ich wusste, dass ich anders war als die anderen. Je weniger Leute von meinen traurigen Familienverhältnissen erfuhren, desto besser.

»Doris, ist das aus der Arche Noahs gekommen?«, stichelte eine Mitschülerin, wobei sie auf mein zerrissenes Kleid zeigte. Die anderen lachten. Ich zwang mich zu einem Lächeln. All die anderen Teenager sahen wie Teenager aus – weiße Söckchen, flache Schuhe, weite Pullover. Wie oft wünschte ich mir, den Tag in der Toilette verbringen zu können!

Ich hatte kein Schulbrot und kein Geld, eins zu kaufen. Doch ich wollte nicht, dass jemand davon erfuhr. So ging ich in jeder Mittagspause spazieren. Wäre ich dageblieben, hätte ich den Anblick von Esswaren nicht ertragen können. Gelegentlich bot mir jemand ein Butterbrot an. Doch ich sagte immer: »Nein, danke. Ich gehe spazieren.« Ich behielt mein Geheimnis für mich.

Oft versuchte ich, meine blutende Nase zu verarzten oder mein Veilchenauge zu verbergen, um ansehnlich zu erscheinen. Wenn man mich wegen meiner blauen Flecken fragte, log ich. Es gab ja viele Ausreden. Beiläufig pflegte ich dann zuzugeben, dass ich eine

Auseinandersetzung gehabt oder irgendeinen anderen harmlosen Unfug getrieben hatte. Ich hatte Angst, dass die Schläge noch schlimmer würden, wenn die Wahrheit ans Licht käme. Die Angst hatte mich total im Griff. Ich wollte einfach nur überleben.

Zuerst bekam ich gute Noten. Doch nachdem ich fast zwei Jahre bei den Makins gewesen war, ließen meine Leistungen in der Schule nach. Eine meiner Lehrerinnen hatte den Verdacht, dass meine schlechten Noten und mein schäbiges Aussehen Symptome familiärer Probleme seien. Ich danke Gott für diese Lehrerin, die Interesse an mir zeigte.

Eines Tages hielten mich zwei Beamte des Jugendamts am Schultor an. »Bist du Doris Duckworth?«, fragte einer von ihnen.

»Ja«, stammelte ich. Ich war vor Angst wie versteinert.

»Hab keine Angst!«, tröstete mich der Mann. Er händigte mir ein Stück Papier aus. »Hier ist eine Vorladung für dich, beim Jugendgericht zu erscheinen.«

Einen Augenblick lang verflog meine Angst, doch dann fügte er hinzu: »Wir haben auch die Leute informiert, bei denen du wohnst, dass dein Fall geprüft wird. Sie brauchen nicht vor Gericht mit dir zu erscheinen. Doch deine Mutter wird wegen Vernachlässigung ihrer Aufsichtspflicht angeklagt werden.«

Benommen ging ich nach Hause. Ich hatte schreckliche Angst. *Ach, jetzt wissen sie alles!* Zuerst wollte ich gar nicht mehr zu den Makins zurück. Doch dann fürchtete ich, dass sie jemanden nach mir schicken würden, um mich zu suchen. Vielleicht würden sie mich sogar umbringen.

Als ich nach Hause kam, warteten die Makins schon auf mich. Sie kochten vor Wut. »Mach, dass du hereinkommst!«, knurrte Herr Makin. Wie ein Gorilla stapfte er ins Esszimmer. »Komm hier herein!«

Mein Magen verkrampfte sich. Doch ich gehorchte. Frau Makin folgte mir und blieb in der schmalen Tür stehen. Breitbeinig und mit verschränkten Armen funkelte sie mich wutentbrannt an.

»Auf deine Knie!«, befahl Herr Makin mit grimmiger Stimme. Ich gehorchte wieder, doch ich wusste nicht, was geschehen sollte, bis er seinen Gürtel abschnallte. »Das Jugendamt ist hier gewesen!«, brüllte er. Er begann mich zu schlagen. Die Gürtelschnalle sauste auf meinen Rücken herab. Ein stechender Schmerz durchzuckte mich.

»Herr, das ist zu viel!«

»Wie konntest du uns das nur antun?«, schrie Herr Makin, indem er weiter auf mich einschlug. »Wir haben dir ein Heim gegeben. Wir haben dir Gutes getan. Und du hast uns der Polizei gemeldet! Ich werde dir beibringen, dankbar zu sein!« Seine Gürtelschnalle landete auf meinem Nacken. Ich krallte mich am Teppich fest und schrie vor Angst, zu Tode geschlagen zu werden. Verzweifelt suchte ich nach einem Fluchtweg. Ich konnte nicht durch die Tür. Frau Makin versperrte sie. Doch ein Fenster auf der anderen Seite des Zimmers reichte fast bis zum Boden herunter. »Herr, wenn du mir hilfst …« Ich sprang auf, stieß durch das Glas und landete auf meinen Knien. Meine langärmelige Bluse beschützte meine Arme, so kam ich mit nur geringfügigen Schnittwunden davon.

Ziellos rannte ich in die Dämmerung hinein. Ich jagte die Hügel von San Francisco hinauf und hinunter, alle Augenblicke stehen bleibend, um nach Atem zu ringen. Zweieinhalb Stunden später erreichte ich den Fischereihafen. Meine Gedanken überschlugen sich, meine Gefühle waren aufgewühlt, mein Körper schmerzte von den Schlägen und Schnittwunden. Auf dem Landungssteg sitzend, baumelten meine Beine über dem Pazifik. Ich versuchte, meine Gedanken allmählich zu ordnen. In der Entfernung sah ich die Golden Gate Bridge. Ein Frachter dampfte langsam unter der Brücke hindurch auf die offene See zu. Wie sehr wünschte ich, ein Schiff nach China nehmen zu können! Irgendwohin fahren zu können. Nur weg von hier, weg von meinen Peinigern! »Herr, wenn ich doch nur die Nacht an einem friedlichen Ort verbringen könnte.« Doch ich war allein und wusste nicht, wohin. Obgleich ich inzwischen fünfzehn geworden war, hatte ich Angst, einfach wegzulaufen. Würde man mich finden, so würde man mich zum Jugendamt bringen – oder schlimmer noch, vielleicht würden die Makins mich töten!

Allmählich trocknete ich meine Tränen und trat müde den langen Rückweg an. Ich machte mich auf das Unvermeidliche gefasst. Wie vorauszusehen war, wurde ich erneut geschlagen. Im Bett schluchzte ich und vertraute mich Gott an. Selbst in dieser Lage zweifelte ich nicht an seiner Liebe. Instinktiv wusste ich, dass er sich meiner annehmen und mich aus all diesem schrecklichen Erleben herausführen würde. Ich glaubte fest, dass der Herr mir keine Last auferlegen würde, die ich nicht imstande war zu tragen. Er würde die Prüfungen erträglich machen. Selbst die Schläge schienen weniger wehzutun, wenn ich daran dachte, dass Gott bei mir war. Doch heute Abend war ich verzweifelt. »Herr, ich weiß, dass du mich liebst. Doch das ist einfach zu viel. Kannst du mich nicht hier herausholen? Bitte!«

Ist das Ihre Tochter?

Als der Gerichtstag herannahte, war ich fast krank vor Angst. Niemand hatte mir erklärt, was eigentlich geschehen würde. Es hätte ja sein können, dass die Makins hinter meinem Rücken Verhandlungen geführt hatten, um mich ins Gefängnis zu bringen. Meine Information bestand nur aus einem weißen Zettel: Ich sollte an einem bestimmten Tag um 10 Uhr erscheinen. Maria war nicht aufgefordert worden, mich zu begleiten.

An der Tür des Gerichtsgebäudes versicherte mir eine Frau freundlich, dass das Gericht meiner Situation Verständnis entgegenbrachte. Das einzige Ziel der Verhandlung war, meine Mutter wegen Vernachlässigung ihrer Aufsichtspflicht anzuklagen.

Als ich den Gerichtssaal betrat, blickte ich mich um in der Erwartung, meine Mutter zu sehen. Doch sie war nicht da. *Was, wenn sie gar nicht kommt?*, dachte ich.

Wir warteten schweigend darauf, dass der Richter Platz nahm. Wenige Augenblicke später blickte er auf und betrachtete feierlich die kleine Gruppe, die sich vor ihm versammelt hatte. »Doris Duckworth«, rief er. Das Herz schlug mir bis zum Hals.

Die Frau, die ich vor wenigen Minuten kennengelernt hatte, stand an meiner Seite. »Es ist gut. Du brauchst keine Angst zu haben«, flüsterte sie mir zu, als wir nach vorn gingen, um vor dem Richter zu stehen.

»Laura Duckworth«, ertönte abermals die Stimme des Richters. Ich hörte die Schritte meiner Mutter hinter mir. Wenig später stand sie an meiner linken Seite. »Ist das Ihre Tochter?«, fragte der Richter.

Es entstand eine lange Pause – so lange, dass ich mich schon fragte, ob sie meine Identität leugnen würde. Ich hob leicht meinen Kopf und betrachtete ihr Profil aus meinen Augenwinkeln.

»Ja, ich denke schon. Aber Herr Richter, ich hätte mich ihrer entledigt, bevor sie geboren wurde, wenn ich es gekonnt hätte!«

Eine kurze Diskussion folgte. Dann bestimmte der Richter, dass Maria und ich unserer Mutter endgültig weggenommen werden sollten. Von jetzt an unterstanden wir der Aufsicht des Jugendamts. In weiser Voraussicht bestimmte der Richter, dass ich den Makins ebenfalls weggenommen und in ein anderes Heim gebracht werden sollte.

»O Gott, wie danke ich dir dafür!«, betete ich still.

Als wir den Gerichtssaal verließen, wandte sich meine Mutter mir zu und murmelte: »Falls ich dich wiedersehe, bringe ich dich um!«

Wenn ich je hatte sterben wollen, dann in diesem Augenblick. Alle Hoffnung war zerschlagen. Die Ablehnung meiner Mutter war total und endgültig. Tiefe Dunkelheit umhüllte mich. *Bin ich denn so scheußlich?* Als ich allein nach Hause ging, betete ich laut, dass Gott mir helfen sollte zu verstehen, warum meine Mutter mich verstoßen hatte. Ich betete, Gott möge mir helfen, sie nie zu hassen. Schmerz ergriff mich, als ich mir meine Kindheit vor Augen hielt und herauszufinden versuchte, was ich falsch gemacht hatte. Doch ich fand nichts.

Schließlich wurde mir klar, dass meine Mutter nie Liebe empfangen hatte und deshalb auch keine weitergeben konnte. In diesem Augenblick gab Gott mir die Kraft, ihr zu vergeben. Tränen rannen mir aus den Augen. Sie tat mir von Herzen leid. Der Schmerz saß immer noch tief. Doch ich hegte keinen Hass gegen sie. Der Herr gab mir zu verstehen, dass auch er einsam gewesen war. Alle möglichen schlimmen Dinge wurden ihm vorgeworfen. Und ich war eine seiner Nachfolgerinnen. An jenem Tag heilte der Herr meine Seele und bewahrte mich vor einer bleibenden Narbe.

Die Makins hatten das Jugendamt wissen lassen, dass sie bereit waren, Maria zu behalten, solange sie für ihre Unterkunft und Verpflegung bezahlt wurden. So blieb sie bei ihnen, während ich ein neues Zuhause bekam. Roy Milen von der First Baptist Church traf Vorkehrungen, mich in einer Familie der Gemeinde unterzubringen.

Meine neuen Pflegeeltern schüttelten mir die Hand, als ich ihr Haus betrat. Sie waren höflich und freundlich, doch niemals umarmten sie mich oder brachten mir Zuneigung entgegen, wonach ich mich doch so sehr sehnte. Ich glaube, sie nahmen mich aus Pflichtgefühl, aber nicht aus Liebe auf. Ich durfte bei ihnen am Tisch essen, sie brüllten mich nicht an, und sie schlugen mich auch nicht. Doch obwohl ich verzweifelt versuchte, ihnen gefällig zu sein, konnte ich ihnen nie nahekommen. Wenn ich meine Pflicht getan hatte, saß ich allein in meinem Zimmer. Ich ging nie in ihr Wohnzimmer, wenn ich nicht dazu aufgefordert wurde.

Zweifellos bewunderten die Leute der Gemeinde dieses Ehepaar, weil es ein so gutes Werk tat. Doch sie gaben mir nie die Wärme und Geborgenheit, die zum Überleben notwendig sind. *Dies mag zwar eine christliche Familie sein, aber sie sind nicht so, wie ich es mir wünsche,* dachte ich.

Die Frau war immer argwöhnisch, geneigt, das Schlimmste anzunehmen. Eines Sonntags war die Kollekte verschwunden. Sie beschuldigte mich, das Geld gestohlen zu haben. Als ich erwiderte, ich hätte sie nicht gestohlen, bezichtigte sie mich der Lüge. Ihre Art und Weise, Schuld oder Unschuld herauszufinden, war einfach: Weinte ich, war ich schuldig; blieben meine Augen trocken, war ich unschuldig. »Herr, lass mich nur nicht weinen!«

Der eine Vorteil, den das Leben in dieser Familie mit sich brachte, war, dass ich regelmäßig zur Kirche gehen durfte. Dort in der First Baptist Church hörte ich Robert G. Lee und Gypsy Smith. Ich sog alles Wissenswerte in mich auf und machte mir in jedem Gottesdienst Notizen.

Eines Mittwochs, während der Gebetsstunde, tippte mir ein Mann auf die Schulter. Er sagte mir, dass draußen vor der Kirche eine aufgebrachte Frau stehe und nach ihrer Tochter Doris verlange. Voller Furcht ging ich nach draußen, in der Annahme, dass sich etwas Schreckliches ereignet hatte. Da stand Laura: abgemagert, betrunken, wütend. Ohne Umschweife erklärte sie den Grund ihres Hierseins. Sie hatte vor Kurzem wieder geheiratet (der vierte Mann seit meinem Vater), und jetzt hatte sie Angst, dass ihr neuer Mann etwas über Maria und mich herausfinden würde. Sie fluchte und drohte mit Selbstmord. Natürlich versprach ich, dass wir nichts sagen würden. Ich wusste ja noch nicht einmal, wo sie wohnte, und ich wollte es auch gar nicht wissen. Ich versicherte ihr, dass Maria und ich sie nicht bloßstellen würden und dass ihr neuer Mann niemals etwas von uns erfahren würde. Sie konnte im Frieden zu ihm zurückkehren. Was für einen bedauernswerten Anblick bot sie, als sie von mir wegging! Ich konnte sie nicht hassen; ich hatte nur Mitleid mit ihr.

Einige Monate später begegnete ich Laura unerwartet auf der Straße in Oakland. Sie trug ein kleines Baby in ihren Armen und sagte zu mir: »Schau doch nur, ist sie nicht süß!« In ihren Armen hielt sie ein entzückendes, dunkelhaariges Mädchen. *Warum, ach, warum nur hat sie mich nicht so lieben können? Was habe ich nur getan, um ihren Hass und ihre Zurückweisung zu verdienen?*

Ich hatte die Tatsache akzeptiert, dass meine Mutter mich nie lieben würde, doch die Begegnung mit ihr riss die Wunde wieder auf. Ich war nicht bitter gegen sie; Gott hatte mir geholfen, zu verstehen, dass Verbitterung mich nur vergiften würde. Doch obgleich die Verbitterung weg war, der Schmerz war es nicht. Ich sehnte mich nach echter Liebe, nicht nach Mitgefühl, das die Menschen in der Gemeinde mir so bereitwillig gegeben hatten.

Maria und ich blieben in Kontakt, indem wir uns in der Schule trafen. Eines Tages begegneten wir uns auf dem Schulhof. »Doris ...« Sie zögerte und blickte zu Boden. »Ich werde heiraten.«

»O nein, Maria, du bist ja kaum fünfzehn! Das kannst du doch nicht –.«

»Doris, du verstehst das nicht.«

»Bitte, Maria, bitte! Du musst doch erst die Schule fertig machen und dann ein wenig arbeiten und –.«

»Doris, ich bekomme ein Kind!«

Dort auf dem Schulhof starb ein Teil von mir. Meine Schwester, für die ich mich all die Jahre verantwortlich gefühlt hatte, wurde jetzt in eine vorzeitige Ehe hineingezwungen. Ich war wie betäubt.

Der Gedanke, dass so etwas passieren könnte, war mir nie in den Sinn gekommen. Ich hatte ihren Freund ein- oder zweimal gesehen und kennengelernt, als ich bei den Makins gewesen war. Er war groß, vielleicht siebzehn oder achtzehn. Jetzt war meine Schwester schwanger. Bald würde sie Mutter sein. Es erschien mir alles so unfair. Maria hatte immer mehr gehabt als ich. Sie war hübsch, und meine Mutter hatte sie bis zu einem gewissen Grad geliebt. Sie hatte leichter Freunde gefunden als ich und war in unseren Pflegeheimen besser behandelt worden. Doch sie hatte genauso wie ich nach jemandem gesucht, der sie liebte. Ihre Suche nach Liebe hatte sie in eine außereheliche Beziehung geführt.

Maria hatte nie ein Interesse an Gott gezeigt. Ich hatte ihr oft gesagt, was Christus mir bedeutete. Ihr Kommentar lautete: »Ach, Doris, sprich nicht davon!« Das betrübte mich, und ich hatte viel für sie gebetet. Nun musste sie heiraten. Ich wusste genau, dass weder sie noch ihr Freund die Reife hatten, die die Voraussetzung zu einer glücklichen, beständigen Ehe ist.

Maria lud mich zu ihrer Hochzeit ein, doch meine neuen Pflegeeltern weigerten sich, mich gehen zu lassen. »Sie ist wie deine Mutter«, meinten sie in offensichtlicher Selbstgerechtigkeit. »Wir möchten nicht, dass du so wirst wie sie.«

Am Tag der Hochzeit brachen sich die in mir aufgestauten Gefühle Bahn. Ich wusste, dass mich meine Schwester jetzt brauchte, vielleicht mehr denn je, doch ich war gezwungen, den Anordnungen derer zu gehorchen, die keine Ahnung von dem Herzeleid hatten, das meine Schwester und ich in unserer Kindheit gemeinsam durchlitten hatten. Verzweifelt warf ich mich über mein Bett und schrie zu Gott um Kraft, auch diesen Schmerz ertragen zu können. »Gott, bitte hilf Maria und ihrem Mann! Hilf ihnen einzusehen, dass du sie liebst und dich ihrer annehmen möchtest.«

Die Wochen und Monate vergingen. Allmählich fühlte ich mich einsam. Eines Tages beschloss ich, mit der Fähre von San Francisco nach Oakland zu fahren, um einen Besuch im Waisenhaus zu machen. Sieben Jahre lang hatte ich dort gelebt, und in gewissem Sinne war es mein Zuhause. Meine Freunde waren dort, und ich besuchte sie so oft wie möglich.

Diesmal bekam ich während meines kurzen Besuchs dort die Grippe. Dr. Welch kam, um mich zu untersuchen. »Hallo Doris«, begrüßte er mich, überrascht, mich nach so langer Zeit wiederzusehen. Er war immer nett zu mir gewesen, und jetzt schien er sich besonders dafür zu interessieren, was ich gemacht hatte, nachdem ich das Waisenhaus verlassen hatte. Wir unterhielten uns einige Minuten. Ich freute mich über seine warmherzige Freundlichkeit.

Plötzlich fragte er mich: »Möchtest du nicht bei mir arbeiten? Du könntest bei uns wohnen und essen.«

»Natürlich«, erwiderte ich ohne Zögern. »Ich würde liebend gern bei Ihnen und Ihrer Frau wohnen.«

Ich war dankbar, nicht mehr zu meinen Pflegeeltern aus der Gemeinde zurückkehren zu müssen. Der Arzt unternahm alle rechtlichen Schritte, und nach meiner Genesung zog ich direkt zu Herrn und Frau Welch in Piedmont bei Oakland. Meine Pflegeeltern waren benachrichtigt worden und schickten alle meine Sachen an die neue Adresse.

»Herr, träume ich? Ich habe ein wunderschönes Haus, in dem ich wohnen kann, und der Arzt wird mein Chef sein! Es ist wirklich zu schön, um wahr zu sein!«

Dorie, wo ist dein Vater?

Die schwere, holzgeschnitzte Haustür des zweigeschossigen, weiß getünchten Hauses der Welchs führte in eine große, mit Fliesen ausgelegte Eingangshalle. Das Ehepaar führte mich eine gewundene Treppe hinauf in mein Zimmer, einem großen, hellen, ganz mit Teppichen ausgelegten Raum. Ich würde ein Doppelbett und eine Kommode ganz allein für mich haben!

Frau Welch gab mir die neuen Kleider, die sie mir versprochen hatte. Doch welch eine Enttäuschung! Es waren keine Faltenröcke mit dazu passenden Pullovern, wie ich mir das vorgestellt hatte. Es war eine schwarz-weiße Arbeitskleidung. Ich würde ihr Dienstmädchen sein!

Ich wagte nicht, meine Enttäuschung zu zeigen, denn im Hause der Welchs war es besser als überall, wo ich bisher gewesen war. Ich hatte Angst, meine Augen könnten meine wahren Gefühle verraten. »Herr, lass mich lächeln, und lass sie nicht sehen, wie mir zumute ist.«

Ich wurde mit meinen Pflichten vertraut gemacht: Ich sollte das Telefon bedienen, Besucher empfangen, bei Tisch servieren und viele andere Dienstmädchen-Arbeiten verrichten. Ich wurde nicht als Familienmitglied aufgenommen, und ich würde meine Mahlzeiten nicht mit ihnen einnehmen. Zu dieser Zeit hatte ich mich mit meinem zweitklassigen Status abgefunden. Es würde wohl so bleiben, dass ich immer allein essen würde.

Einige Tage nach meinem Einzug kamen meine persönlichen Sachen von der Familie, bei der ich acht Monate gewohnt hatte. Als ich eins meiner Kleider anzog, fand ich in meiner Tasche einen Zettel. *Du bist eine Heuchlerin,* stand darauf.

»Was habe ich getan, um das zu verdienen?«, fragte ich den Herrn. Am nächsten Tag fand ich einen weiteren Zettel. *Du fieses Ding.* Daraus schloss ich, dass die Familie wütend auf mich war, weil ich mich entschlossen hatte wegzugehen. Das warf ein ungünstiges Licht auf sie.

Eines Tages steckte ich die Hand in die Tasche meiner Strickjacke und fand noch einen Zettel. *Judas.* Ich brach in Tränen aus.

Frau Welch hörte mich. »Was ist denn los, Doris?«

»Ach, nur wieder so ein Zettelchen.«

»Was meinst du?«, fragte sie mich.

Ich versuchte, nicht näher auf ihre Fragen einzugehen, doch sie bestand auf einer Erklärung. Als sie den ganzen Sachverhalt gehört hatte, wurde sie zornig und benachrichtigte sofort das Jugendamt, um eine Überprüfung meiner Pflegeeltern anzuordnen. Das Resultat dieser Überprüfung habe ich nie erfahren.

Die Anteilnahme und Sorge von Frau Welch bedeutete eine angenehme Überraschung für mich. Es war das erste Mal, so weit ich zurückdenken konnte, dass sich jemand auf meine Seite stellte, wenn ich ein Problem hatte. *Sie kümmert sich wirklich um mich,* dachte ich.

Dieser Vorfall hatte jedoch auch eine negative Seite. Später, als ich Frau Welch von der Kraft Jesu Christi erzählte, lehnte sie das Evangelium mit der Begründung ab, sie sei von den Christen enttäuscht worden. Als Beispiel führte sie die Zettel an, die ich gefunden hatte. »Schau doch, was diese Christen dir angetan haben!«, erinnerte sie mich.

Der Arzt bezahlte mir 2,50 Dollar pro Woche, und zum ersten Mal in meinem Leben durfte ich behalten, was ich verdiente. Weiße Lederschuhe waren damals in Mode, und ich war fest entschlossen, ein Paar zu kaufen, die besten, die ich fand. Ein exklusives Geschäft in der Innenstadt von Oakland hatte welche für 10,95 Dollar. So sparte ich mein Geld, bis ich den nötigen Betrag zusammenhatte und meinen ersten persönlichen Einkauf tätigen konnte: ein paar weiße Lederschuhe.

Am nächsten Tag war ich das stolzeste 16-jährige Mädchen der ganzen Schule. Ich muss ein komisches Bild abgegeben haben: Die weißen Schuhe bildeten einen starken Kontrast zu meinem schäbigen, altmodischen Kleid. Doch ich kam mir sehr modern vor.

Obwohl ich nur Dienstmädchen im Haus der Arztfamilie war, gaben sie mir mehr Liebe und Freundlichkeit, als ich je empfangen hatte. Sie behandelten mich nie herablassend, sondern halfen mir, mich selbst anzunehmen. Und sie nahmen sich Zeit, mich zu unterweisen. Sie korrigierten meine Grammatik und gaben mir Sicherheit beim Sprechen. Frau Welch lehrte mich, wie man richtig sauber macht und den Haushalt versorgt. Sie erklärte mir den Wert ihrer Chippendale-Möbel, ihres Porzellans und ihres Silbers. Ich wollte es lernen, diese Dinge zu bewundern und zu pflegen, selbst wenn ich so etwas nie besitzen würde.

Die Welchs lasen gern, und ich durfte alle Bücher ihrer Bücherei benutzen. Sie hörten auch klassische Musik und halfen mir, sie zu verstehen.

Doch am meisten beeindruckte mich ihr Familienleben. Ich beobachtete, wie sie sich liebevoll anblickten und einander freundlich und höflich behandelten. Ich beobachtete, wie Frau Welch ihre kleine Tochter wiegte und mit welcher Zärtlichkeit sie sie wickelte und anzog. Durch ihre Sorge um dieses Baby lehrte sie mich all die liebevollen Dinge, die eine Mutter für ihr Kind tut.

»Dorie«, pflegte sie oft zu sagen, »ich kann nicht verstehen, dass eine Mutter ihre Kinder nicht lieben kann.« Ich sagte nichts darauf. Meine Augen brannten, wenn ich die Liebe sah, nach der ich mich immer gesehnt hatte. Zum ersten Mal begann ich, das Wort »Mutter« zu achten. Ich hatte schon lange entschieden, wie ich als Mutter nicht sein würde. Jetzt war mir Frau Welch das Vorbild einer Mutter, wie ich einst eine zu sein hoffte. Obgleich die Welchs ein geschäftiges Leben führten, kamen die Kinder immer zuerst. Sie verbrachten Stunden damit, sie zu versorgen und zu erziehen.

Einige Monate nach meinem Einzug bei Familie Welch machte ich eine Skizze von Frau Welchs Vater. Sie fand sie gut. »Dorie«, begann sie, »du hast noch manches andere Gute für uns getan, für das ich dir nie ein Lob ausgesprochen habe. Ich möchte, dass du weißt, wie sehr ich deine Arbeit schätze.«

Ich glaubte, durchs Zimmer zu schweben!

Ich bewunderte Frau Welch und beobachtete sie sehr genau. Dabei versuchte ich, genauso sauber und ordentlich zu sein wie sie. Sie pflegte es mir zu sagen, wenn ich nett aussah, und so versuchte ich, sie zu imitieren.

»Dorie«, rief sie eines Tages. »Ich habe darüber nachgedacht, welches wohl der beste Rat ist, den ich dir geben könnte.« Ich spitzte die Ohren. »Es ist folgender: Bemühe dich immer, eine Dame zu sein.«

Ich bin mir sicher, dass ich mit offenem Mund dastand, weil ich etwas Großartiges erwartet hatte.

»Möchtest du wissen, was eine richtige Dame ist?«, fuhr sie fort.

»Sicher.«

»Eine Dame regt sich nie auf und spricht immer mit leiser und ruhiger Stimme. Sie hat sich immer in der Gewalt.«

Frau Welch war groß und elegant und somit eine echte Dame. Doch obwohl ich nach besten Kräften ihrem weisen Rat zu folgen versuchte, quietschte ich oft, wenn ich aufgeregt war.

Während meiner Schulzeit hatte ich keinen Freund,

wollte auch keinen haben. Ich wusste ja, dass ich nicht so hübsch angezogen war wie die anderen Mädchen. Außerdem schämte ich mich, dass ich kein richtiges Zuhause hatte, keine richtige Familie. Ich dachte mir, es wäre wohl schön, irgendwann einmal einen Freund zu haben, doch im Augenblick fühlte ich mich sicherer, wenn ich auf Distanz blieb.

Auch im Haus der Familie Welch lernte ich weiterhin Bibelverse auswendig und studierte das Wort Gottes. Obgleich ich nun nicht mehr unter einer strengen Fuchtel lebte, liebte ich den Herrn zu sehr, um mein Verhältnis zu ihm abkühlen zu lassen. Er war immer noch mein einzig wahrer Freund. Die Welchs borgten mir ein Radio, und ich hörte alle christlichen Sendungen, die ich nur finden konnte.

Mit der Zeit besuchte ich die Gottesdienste einer Christian and Missionary Alliance Church ungefähr 15 Kilometer von den Welchs entfernt. So unglaublich es auch klingen mag, ich ging die Strecke zu Fuß, bis die Welchs weiter wegzogen. Danach nahm ich, wenigstens für einen Teil der Strecke, den Bus. Obgleich diese Gemeinde ein Programm für junge Leute hatte, war es mir nicht möglich, daran teilzunehmen, weil ich so weit weg wohnte. Ich sagte, dass ich für einen Arzt arbeitete, enthüllte jedoch nichts von meiner Vergangenheit. Einmal konnte ich zu einer Rollschuh-Party gehen. Ich war nicht sehr gut und landete öfter auf dem Boden, als ich zu zählen wagte. Doch es machte sehr viel Spaß. Ich lief nur mit Mädchen. Ja keine Jungen! So fühlte ich mich sicherer.

Als meine Schulabschlussfeier näher rückte, rechnete ich damit, allein hingehen zu müssen. Ich würde ohne Pauken und Trompeten mein Zeugnis entgegennehmen.

»Dorie«, überraschte mich Dr. Welch am Abend zuvor, »wann fängt deine Feier morgen an?«

»Warum? Wieso möchten Sie das wissen?«

»Na, weil wir kommen wollen, um dich zu sehen«, sagte er.

An jenem Abend, als ich nach vorn ging, um mein Abschlusszeugnis entgegenzunehmen, klopfte mein Herz zum Zerspringen. Hunderte von Leuten klatschten routinemäßig. Doch jemand klatschte für mich!

Nach der Schule wurde ich ermutigt, das California College für Kunst und Kunsthandwerk zu besuchen. Mein Traum, eine große Künstlerin zu werden, schien kurz vor seiner Verwirklichung. In jenem Herbst begann ich mit dem Geld, das ich gespart hatte, einen Kursus in Kunst und Zeichnen zu belegen, der mir sehr viel Spaß machte.

Jeden Tag nahm ich 25 Cent mit zur Schule. 10 Cent gab ich für die Busfahrt aus. Doch dann hatte ich noch 15 Cent übrig. Ich hatte also Kleingeld in der Hand, wie die anderen auch. Doch wenn die Mädchen sich in der Pause etwas zu trinken holten, ging ich wohl mit ihnen, damit sie sehen sollten, dass ich Geld hatte; doch ich holte mir nichts zu trinken. Ich verwendete das Geld für einen Bleistift oder Malsachen.

Eine meiner wichtigsten Aufgaben bei den Welchs war Babysitting für ihre beiden Kinder, ein Mädchen und einen Jungen. Der Junge kam erst nach meinem Einzug bei Familie Welch zur Welt. Die Kinder liebten mich, und ich liebte sie. Wenn der Arzt und seine Frau zu Konferenzen fuhren, vertrauten sie mir manchmal tagelang ihre Kinder an.

Auch wurde mir gestattet, Maria zu besuchen. Die Makins gaben mir ihre Adresse. Sie und ihr Mann lebten in einer kleinen Kellerwohnung in San Francisco. Mehr als ein Jahr war vergangen, seitdem sie mit mir im Schulhof gestanden hatte. Sie war freudig überrascht, mich wiederzusehen. Das Baby war ein süßer kleiner Junge mit Namen Norman.

Wir unterhielten uns einige Stunden und erzählten uns gegenseitig, was wir in der Zwischenzeit erlebt hatten. Maria war hocherfreut, als ich ihren Sohn auf den Arm nahm und mit ihm ein wenig spielte. Doch bevor ich ging, sagte ich ihr noch einmal, was Jesus Christus mir bedeutete. Wieder wies sie mich ab. »Das ist nichts für mich. Ich habe meinen Mann und mein Kind. Ich brauche Gott nicht.«

Mein Herz blutete für meine Schwester. Beim Weggehen gab ich ihr etwas Geld für Lebensmittel. Sie waren arm; ich wollte so gern helfen, doch ich wusste nicht wie.

Ich versuchte, Frau Welch zu erzählen, was mir der Herr bedeutete. Obgleich sie und der Arzt niemals zur Kirche gingen, unterhielt sie sich doch oft mit mir über geistliche Dinge. Doch sie kam immer zum gleichen Schluss: »Dorie, ich sehe ja ein, dass das für dich gut ist. Deine Religion hat etwas Stabiles. Doch wenn du eine Familie hättest, die dich liebte, müsstest du dich nicht auf Religion verlassen. Ich führe ein glückliches, ausgefülltes Leben ohne den Glauben. Mit einem Mann und Kindern, die mich lieben, habe ich alles, was ich brauche.«

Ein Jahr verging. Dann noch eins. Mit 19 wurde mir klar, dass ich nicht ewig bei Familie Welch bleiben konnte. Hier hatte ich die schönste Zeit meines Lebens verbracht, und ich wusste, dass sie mich gernhatten. Doch allmählich musste ich überlegen, ob ich den Rest meines Lebens Dienstmädchen bleiben wollte.

Als der Arzt einmal eine Party für seine Kollegen gab,

kam ein Gast in die Küche, wo Frau Welch und ich beschäftigt waren. »Man sieht, dass Dorie eine gute Hilfe ist. Wenn ihr sie jemals gehen lassen wollt, bin ich der erste Anwärter!« Ich wusste: Die Dame wollte diese Worte als Kompliment verstanden wissen, doch mich trafen sie wie ein Keulenhieb. War das alles, was ich vom Leben zu erwarten hatte?

Eines Tages kam die Tante von Frau Welch zu Besuch. Wir kamen ins Gespräch. »Dorie, du musst hier weg«, sagte sie.

»Aber die Familie braucht mich doch. Ich möchte sie nicht gegen mich aufbringen, indem ich weggehe«, protestierte ich.

»Ach, sie würden das schon verkraften«, meinte die freundliche ältere Dame. Sie beschloss, mit Frau Welch darüber zu reden.

Ich bekam es mit der Angst zu tun. *Was, wenn die Welchs mir kündigten? Wo sollte ich hingehen?* Frau Welch kam mit Tränen in den Augen auf mich zu und versicherte mir, wie froh sie wären, wenn ich auch weiterhin dabliebe. Doch sie gab mir auch die Freiheit zu gehen, wenn ich das wollte.

Wochenlang betete ich über dieser Sache. Dann überraschte mich der Arzt eines Tages mit einer Frage, die mir noch nie jemand gestellt hatte: »Dorie, wo ist eigentlich dein Vater?«

Alle möglichen Gedanken schwirrten mir durch den Kopf. Offensichtlich hatte ich irgendwo einen Vater, doch wo er sich befand oder wer er war, hatte mich nie interessiert. Vor Jahren hatte ich einmal gehört, dass er in Tulsa, Oklahoma, lebte, doch darüber hinaus wusste ich nichts.

»Lass uns doch versuchen, etwas über ihn in Erfahrung zu bringen!«, schlug Dr. Welch vor. Er ging lebhaft die Treppe hinauf, und ich folgte ihm zaghaft in sein Büro. Er setzte sich in den riesengroßen, braunen Ledersessel und wählte die Fernsprechauskunft in Tulsa. Einen Augenblick später sagte er: »Ich bin Arzt und daran interessiert, einen Herrn Duckworth zu finden. Haben Sie einen Duckworth in Ihrem Bezirk? Einen Herrn L. Duckworth?« Kurze Pause. Ich hielt den Atem an.

»Ja, wir haben einen – möchten Sie seine Nummer?«, ertönte die Stimme der Auskunft.

»Nein, ich möchte nur wissen, ob er dort wohnt.« Damit legte er auf.

»Ich glaube, du solltest die Adresse deines Vaters ausfindig machen und ihm einen Brief schreiben«, schlug der Arzt vor.

An jenem Abend setzte ich einen Brief auf an einen Mann, den ich nicht kannte, um ihn zu fragen, ob er zufällig mein Vater sei. Ich gab auch einen kurzen Abriss über mein Leben: dass ich in einem Waisenhaus aufgewachsen war und wer meine Mutter war. Dann fügte ich einige Informationen über das hinzu, was seitdem geschehen war. Abschließend sagte ich, dass ich kürzlich an ihn gedacht habe und mir vorzustellen versuchte, wie er wohl aussehen würde. Ich war neugierig herauszufinden, ob er tatsächlich mein Vater sei. In einem Telefonbuch von Tulsa fand ich Herrn L. Duckworths Adresse. Sorgfältig schrieb ich sie auf einen Briefumschlag. *Das ist wirklich komisch,* dachte ich. *Und wenn dieser Mann nun nicht mein Vater ist? Ich muss es aber wissen. Der Versuch lohnt sich.*

Als ich den Brief schließlich in den Briefkasten warf, betete ich, Gott möge dafür sorgen, dass dieser Brief in die Hände des richtigen Mannes käme, nämlich in die meines Vaters.

Mein Herr, sind Sie mein Vater?

Nachdem ich den Brief abgeschickt hatte, dachte ich kaum noch daran. Wenn Herr L. Duckworth wirklich mein Vater war, würde er wahrscheinlich nicht antworten. Er hatte doch jahrelang Zeit gehabt, mich ausfindig zu machen. Warum sollte er sich jetzt darum bemühen?

Zwei Wochen vergingen. Der Arzt und seine Frau saßen sich an dem langen Mahagoni-Tisch gegenüber, als es klingelte. Ich verließ das Esszimmer, ging durch den Flur und öffnete die schwere Eichentür. Der Postbote gab einen Brief ab, Luftpost, Einschreiben. Ich gab meine Unterschrift, wie ich das auch zuvor bei Briefen für das Arzt-Ehepaar getan hatte. Als ich mich umwandte, um zum Esszimmer zurückzugehen, warf ich einen Blick auf den Briefumschlag. Ich traute meinen Augen nicht! Mein Name stand darauf! Vor Überraschung schrie ich so laut, dass der Arzt und seine Frau vom Tisch aufsprangen und zusammenstießen, als sie gleichzeitig durch die schmale Esszimmertür hinausrannten.

»Doris, was ist denn los?«

»Ich habe einen Brief bekommen!«, schrie ich, wobei ich ganz vergaß, mich wie eine Dame zu benehmen.

»Dann öffne ihn doch!«

Plötzlich zitterte ich am ganzen Körper.

»Lass mich ihn öffnen«, bot sich Dr. Welch an, der seine Fassung wiedergewonnen hatte. Jetzt erst blickte ich auf den Absender und erkannte, dass er von Herrn Duckworth war. Ich zitterte wie Espenlaub. Vielleicht hatte ich etwas geschrieben, was ihn verletzt hatte. Und wahrscheinlich war dieser Mann gar nicht mein Vater!

Statt den Brief zu lesen, bat ich den Arzt, mir nur die

Unterschrift zu zeigen. Er drehte ihn um, und da standen drei große Buchstaben – »DAD« (»Papa«).

»Dad! Dad!« Ich hauchte das Wort zuerst hörbar, dann nur noch leise vor mich hin. Meine Gefühle überwältigten mich. Ich raste die Treppe hinauf in mein Zimmer, verschloss die Tür und begann zu lesen. Tränen rannen mir die Wangen herunter, als ich die vier Seiten immer wieder las. Ich studierte und analysierte sie förmlich, ja, ich lernte sie sogar auswendig.

Der Mann schrieb, dass er sich beim Lesen meines Briefs kaum beherrschen konnte. Erinnerungen aus alter Zeit wären wieder in ihm hochgestiegen, und er freue sich zu hören, dass es mir gut gehe. Der Brief endete mit der Aufforderung, ihm wieder zu schreiben.

Gleich am nächsten Tag warf ich einen Brief in den Briefkasten, Luftpost, Einschreiben. Ich hatte mich entschlossen, kein Bild von mir beizulegen, in der Gewissheit, dass er mich zweifellos ablehnen würde, wenn er mich sah. Auch ich bat ihn nicht um ein Bild. Ich dachte, ich würde ihm vielleicht die Schuld für mein hässliches Aussehen zuschieben, wenn er so aussähe wie ich. Es schien wohl das Beste, dass wir weiterhin korrespondierten, ohne besondere Identifizierung.

Eines Abends nach dem Essen klingelte das Telefon. Da der Arzt abwesend war, nahm ich den Hörer ab. »Kann ich bitte Doris sprechen?«, fragte eine männliche Stimme. Mir vergingen fast die Sinne. Ich hatte keine Ahnung, wer es sein könnte.

»Am Apparat«, erwiderte ich zögernd.

»Doris, Liebling!«

Mir fiel vor Schreck der Hörer aus der Hand. Noch nie hatte mich jemand so angeredet. »Doris, bist du da? Liebling, hier ist dein Papa!« Es war die schönste

Stimme, die ich je gehört hatte. Doch ich hatte Angst. Ich sprach ja mit einem Fremden, und er forderte mich auf, halb durch die Vereinigten Staaten zu reisen, um ihn zu besuchen.

»Nein, Dad«, protestierte ich. »Wenn du mich siehst, willst du mich bestimmt nicht haben.«

»Sei nicht albern! Natürlich will ich dich haben.«

Dann schien er sich die Sache zu überlegen. Er bot sich an, nur die Hälfte meiner Reise zu bezahlen. Den Rest sollte ich mir selbst verdienen.

An jenem Abend betete ich mit gemischten Gefühlen. Einerseits war ich voll überschäumender Freude – ein Mann, mein Vater, wollte mich sehen! Doch andererseits hatte ich Angst, dass dieses neue Verhältnis mich von Gott abbringen könnte. Würde die Freude, meinen irdischen Vater wiederzusehen, die Gemeinschaft mit meinem himmlischen Vater überschatten?

Es vergingen einige Tage, bis ich erkannte, dass meine eigentliche Angst darin bestand, dass ich von meinem Vater abgelehnt werden könnte, wenn er mich sah. *Vielleicht wäre es besser, gar nicht erst hinzufahren, als ihn zu besuchen und dann abgelehnt zu werden.* Doch ich konnte seiner Einladung nicht widerstehen. Vielleicht würde er mich doch lieb gewinnen. Diese Aussicht war eine Reise nach Oklahoma wert.

Da das Semester in der Kunstschule noch nicht vorüber war, beschloss ich, noch sechs Wochen zu warten, ehe ich mich auf den Weg nach Tulsa machte. Bevor ich abreiste, sah ich Maria zum letzten Mal. Im vergangenen Jahr hatte ich sie ab und zu besucht. Als ich ihr sagte, dass ich die Verbindung zu unserem Vater aufgenommen hatte und hoffte, ihn zu besuchen, wandte sie sich voller Bitterkeit ab und sagte: »Für dich ist das gut. Doch ich will nichts von ihm wissen. Er wollte ja auch nie etwas von mir wissen.« Ich konnte sie nicht vom Gegenteil überzeugen. Ihr Herz war voller Hass.

Schließlich war der Tag gekommen. Mit einer Fahrkarte in der Hand bestieg ich den Bus nach Tulsa. Dr. Welch und seine Frau hatten mir einen Koffer gegeben und ihn mit einem Gürtel zusammengebunden. Von ihren besten Wünschen begleitet, machte ich mich auf den Weg von Kalifornien nach Osten.

Im Bus überlegte ich, wie ich wohl meinen Vater im Busbahnhof erkennen würde. In meinen Briefen hatte ich es vermieden, den Vorschlag zu machen, eine Nelke im Knopfloch oder eine Jacke oder ein Kleid in einer bestimmten Farbe zu tragen, denn ich rechnete tatsächlich damit, von ihm verschmäht zu werden. Sollte er mich schon aus der Ferne erkennen und von meinem Aussehen enttäuscht sein, würde er vielleicht auf dem Absatz kehrtmachen. Deshalb hatte ich es vermieden, ein Erkennungszeichen auszumachen. Ich würde einfach abwarten.

Die Fahrt schien endlos. Noch nie war ich so weit von zu Hause weg gewesen, allein in einer Welt von Fremden. Je näher ich meinem Ziel kam, desto aufgeregter wurde ich. Ich hatte Angst – und war doch schrecklich gespannt.

Als ich schließlich in dem überfüllten Busbahnhof ausstieg, hatte ich den Entschluss gefasst, mir den am besten aussehenden Mann in der Halle auszusuchen und einfach anzunehmen, dass er mein Vater sei. Während ich mir durch die Menschenmenge einen Weg bahnte, suchten meine Augen die große Halle ab. Dort, gegen eine wuchtige Säule gelehnt, stand ein gut aussehender Mann mit dunklem Haar. Je näher ich kam, desto besser sah er aus. Prompt stellte ich meinen Koffer neben ihm ab. Dann pflanzte ich mich mit ziemlicher Frechheit und Taktlosigkeit vor ihm auf und fragte direkt: »Mein Herr, sind Sie mein Vater?«

»Ich glaube schon«, antwortete er schelmisch. Wie ein Pfeil schoss ich in seine starken Arme. Vaters Augen waren feucht, und ich weinte. Niemals zuvor war ich so umarmt worden.

Wir fuhren zur Archer Street in einer gutbürgerlichen Gegend. Er bog in die Auffahrt zu einem zweigeschossigen weißen Ziegelhaus ein. Ein herrlich gepflegter Rasen war von Blumenbeeten eingefasst. Mein Vater war Grundstücksmakler, und ich sah, dass es ihm gut ging. Ich war stolz auf ihn.

Er stellte mich seiner Frau Blanche vor. Nachdem wir einander kennengelernt hatten, luden sie mich ein, für immer bei ihnen zu bleiben. Ich nahm diese Einladung an. Unerwarteterweise fühlte ich mich wohl und wie zu Hause. Ich war richtig glücklich. Mein Vater schien mich lieb zu haben.

Er war ein freundlicher Mann, der sich verzweifelt bemühte, mich für die hässliche Vergangenheit zu entschädigen. Er brachte seine Verwunderung darüber zum Ausdruck, dass ausgerechnet ich, die von beiden Mädchen am wenigsten Liebe empfangen hatte, die Verbindung zu ihm herstellte, damit wir wenigstens einen Teil unseres Lebens gemeinsam verbringen könnten. Er stellte mich auch seinen Freunden als seine Tochter vor. Niemals versuchte er meine Identität zu verbergen. Manchmal war ihm wohl ein bisschen unbehaglich zumute, ja, vielleicht war er sogar etwas bekümmert, dass seine Vergangenheit ihn eingeholt hatte. Doch es bestand kein Zweifel daran, dass er das Beste für mich wollte.

Er ermunterte mich, eine Arbeit als Grafikerin anzunehmen. Die Douglas Aircraft Company suchte eine Zeichnerin, und ich schien geeignet. Der Architekt gab mir Pläne, und ich fertigte dann die Skizzen an, wie das fertige Gebilde auszusehen hatte. Meine Arbeit war ganz einträglich. Ich wurde nach Quadratzentimetern bezahlt (mein Reißbrett war 1,20 Meter mal 1,80 Meter). Ich war davon überzeugt, dass dies ein weiterer Schritt auf meinem Weg zu einem künstlerischen Beruf war.

Zu den anderen Mädchen im Büro war ich freundlich und ging auch mittags oft mit ihnen zum Essen. Doch keine von ihnen wurde mir eine gute Freundin. Ich war so davon erfüllt, meinen Vater noch näher kennenzulernen, dass andere Freundschaften unwichtig erschienen. Von ihm angenommen zu werden, erschien mir als der Gipfel des Glücks.

Ich blieb zwei Jahre in Tulsa. Nur einmal während dieser ganzen Zeit fragte ich meinen Vater nach der Vergangenheit. Warum hatte man uns in ein Waisenhaus gebracht? Warum hatte er uns nicht besucht oder versucht, uns ausfindig zu machen? Es fiel meinem Vater offensichtlich schwer, über diese Zeit zu sprechen, und ich fühlte, dass ein solches Gespräch unsere gegenwärtige Beziehung beeinträchtigen könnte. Wir waren uns darüber einig, dass es das Beste sei, die Vergangenheit ruhen zu lassen.

War schon die Diskussion über die Vergangenheit fehl am Platz, so gab es ein weiteres Thema, das absolut tabu war, nämlich Gott. »Vater«, begann ich eines Tages nach langem Überlegen, »bevor ich dich besuchen kam, hatte ich einen guten Freund.«

»Wer war das?«, fragte er mit offensichtlichem Interesse. Mühsam versuchte ich ihm zu erklären, wie ich vor Jahren im Waisenhaus Jesus Christus angenommen hatte und von jenem Augenblick an wusste, dass er mich liebte, obwohl mich sonst niemand liebte.

Solche Unterhaltungen waren meinem Vater zuwider. Klipp und klar erklärte er mir, dass er für Gott oder Religion keine Zeit hätte. Was ich entdeckt hätte, sei wahrscheinlich gut für mich, aber nicht für ihn. Jede weitere Unterhaltung über dieses Thema lehnte er strikt ab. Ich ging zur Gemeinde und hielt meine Gemeinschaft mit Gott aufrecht. Doch meinem Vater konnte ich nichts davon sagen.

Vaters Interesselosigkeit an Gott richtete eine Barriere zwischen uns auf. Er war lieb zu mir, förderte mich in meinem Beruf und versuchte offensichtlich, einiges aus der schrecklichen Vergangenheit wiedergutzumachen. Doch er begann auch, mich in seine Richtung zu ziehen. Er drang in mich, doch die Maßstäbe und Gepflogenheiten der Welt zu akzeptieren. Er konnte einfach nicht verstehen, warum ich nicht ins Kino ging, tanzen oder trinken wollte. Immer stärker verspürte ich, dass ich mich bald entscheiden müsste. Ich musste entweder »Ja« zu Gott sagen und meinen Vater verlassen, oder »Nein« zu Gott sagen und dableiben. Es gab nur ein Entweder-oder.

In meinen Überlegungen stand immer wieder eine Frage vor mir: *Wer hat dich lieb gehabt, als niemand anders es tat?* Mein Vater hatte mich nicht im Waisenhaus besucht. Er hatte sich nicht die Mühe gemacht, mich ausfindig zu machen, obwohl das kein Problem für ihn gewesen wäre. Ich hatte unseren Kontakt herbeigeführt. In all den schweren Jahren, die von Schlägen, Hunger und Ablehnung geprägt waren, hatte ich nur einen zuverlässigen Freund gehabt: Gott. Er war mein Vater gewesen, als ich keinen hatte. Er hatte mir geholfen, die Beleidigungen meiner Mutter zu ertragen, und mich davor bewahrt, in dem jahrelangen Elend den Verstand zu verlieren. Das alles hatte Gott für mich getan – und noch mehr. Schließlich lief es darauf hinaus: Ich musste wählen zwischen meinem irdischen Vater, der mich vernachlässigt hatte, und meinem himmlischen Vater, der mich liebevoll angenommen hatte.

Obwohl der Sachverhalt klar war, fiel mir die Entscheidung doch sehr schwer. Die letzten zwei Jahre waren schön gewesen. Zum ersten Mal in meinem Leben hatte ich ein gewisses Gefühl der Geborgenheit empfunden, das Gefühl, zu jemandem zu gehören. Meine Arbeit machte mir Freude, und meine Freiheit gab meinem stark angeschlagenen Selbstbewusstsein Auftrieb.

Ich entschied mich für meinen himmlischen Vater. Ohne auf Einzelheiten einzugehen, erklärte ich meinem Vater, dass ich nach Kalifornien zurückkehren müsse, um eine Entscheidung zu treffen. Ich versprach ihm, dass ich eines Tages zurückkehren würde, um ihm zu sagen, wie ich mich entschieden hatte. Weder drang er in mich, um Näheres zu erfahren, noch versuchte er mich von meinem Entschluss abzubringen. Was ich vorhatte, war in Ordnung. Er wollte mir nicht im Weg stehen.

Schweren Herzens kehrte ich nach Kalifornien zurück.

Herr, du wirst doch nicht etwa ...?

Kurz nach meinem 20. Geburtstag kam ich in Kalifornien an. Meinen Beruf als Grafikerin wollte ich weiterhin ausüben. Doch trotz meines offensichtlichen Erfolgs war ich innerlich unruhig. Ich ahnte, dass Gott einen anderen Plan für mein Leben hatte. Doch ich wusste nicht, welchen.

Herr und Frau Welch hießen mich herzlich willkommen, als ich nach San Francisco zurückkehrte. Sie waren erfreut (um ganz ehrlich zu sein, eher überrascht), dass ich in Tulsa einen so einträglichen Job gehabt hatte. Sie schlugen mir vor, mich um eine Stelle bei einer Firma in Emeryville, etwas außerhalb von Oakland, zu bewerben. Ich bekam die Stelle und zeichnete die Pläne, die die Architekten entwarfen.

Daraufhin zog ich mit meinen Habseligkeiten in ein Motel, nicht weit von meiner Arbeitsstelle entfernt. Ich kochte für mich, hielt meine kleine Wohnung sauber und bezahlte meine Miete. Zum ersten Mal stand ich, Doris Duckworth, auf eigenen Füßen.

Dennoch war ich unzufrieden. Gott machte mir deutlich, dass ich mich ihm völlig ausliefern soll. Er hatte einen Plan für mich. Doch ich hatte Angst. Vielleicht wollte Gott am Ende gar nicht, dass ich Grafikerin war. Zeichnen war mein Talent, meine einzige Begabung. »Herr, ich kann doch nichts anderes«, sagte ich ihm in der Hoffnung, ihn zu überzeugen.

Es gab jedoch einen Beruf, vor dem mich Gott hoffentlich bewahren würde – der Dienst in der Mission. Meine Abneigung für diesen Beruf ging auf die Zeit im Waisenhaus zurück, als ich zum Gospel Tabernacle ging. Dort kam ich während einer Konferenz zu der Auffassung, Missionare seien langweilige Typen. Versager, die man nach Übersee schickte, weil sie es in Amerika zu nichts bringen würden. Wenn sie aufstanden, um zu sprechen, dachte ich: *Die sehen ja genauso armselig aus wie ich.* Um das Maß voll zu machen, mussten Missionare auf all die

Bequemlichkeiten verzichten, die mir ja mein ganzes Leben lang versagt geblieben waren. Das schien nicht fair. Das Letzte, was ich sein wollte, war Missionarin. Das Zweitschlimmste für mich war, einen Prediger zu heiraten. Missionarin zu werden, bedeutete, zu einer Gruppe zweitklassiger Heiliger zu gehören; einen Prediger zu heiraten, bedeutete, den Rest meines Lebens im Glashaus sitzen zu müssen.

Der Evangelist Hyman Appelman hielt in der Stadthalle von Oakland Versammlungen ab. An dem Abend, an dem ich dort war, schloss er seine Predigt mit folgenden Worten: »Was hält dich auf – nur noch ein Tanz, nur noch einmal sich amüsieren – dann willst du zu Gott zurückkehren?«

Einen Augenblick lang meinte ich, er könnte meine Gedanken lesen. Der Zweck meiner Rückkehr nach Kalifornien war gewesen, Gott mein ganzes Leben zu übergeben. Aber ich wollte mich sozusagen noch einmal amüsieren, mit anderen Worten: von Gott die Zusage erlangen, dass er mir meinen Beruf lassen würde. Doch jetzt begann Gott mich einzukreisen. War ich bereit, ihm mein Leben vollständig und rückhaltlos auszuliefern?

Als eine Aufforderung ausgesprochen wurde, ging ich nach vorn, um zu meinen Plänen »Nein« und zu Gott »Ja« zu sagen. Doch meine Hingabe, obwohl aufrichtig gemeint, war noch nicht vollständig. Ich erlaubte Gott, mit mir zu tun, was er wollte – außer mich in den Missionsdienst zu führen oder mir einen Prediger zum Mann zu geben.

Einige Wochen später fand eine Missionskonferenz im Gospel Tabernacle statt. Früh am Sonntagmorgen fuhr eine Delegation der Gemeinde zum Hafen von San Francisco, um einige Missionare willkommen zu heißen, die gerade auf einem Schiff, der »Gripsholm«, angekommen waren. Die Gruppe erreichte die Kirche gerade in dem Augenblick, als der Gottesdienst beginnen sollte. Sie trugen noch Rote-Kreuz-Jacken und Tennisschuhe. Sie sahen genauso schlecht aus, wie ich es aus meinen Waisenhaustagen in Erinnerung hatte. Mein Argwohn wurde bestätigt.

Unter denjenigen, die man zu einem Bericht aufforderte, war Darlene Deibler, die gerade aus einem japanischen Internierungslager in Neuguinea zurückgekommen war. Nach dem Angriff auf Pearl Harbor waren japanische Truppen in Niederländisch-Ostindien eingedrungen und hatten sechs Missionare der Allianzkirche ermordet. Der Diplomat und Missionar Dr. Robert Jaffray zog mit seiner Frau und einem jungen Ehepaar, Charles und Darlene Deibler, in einen Kurort, um politischer Verfolgung aus dem Weg zu gehen.

Am 13. März 1942 nahmen japanische Truppen die Missionare fest und brachten sie in eine Polizeikaserne. Dann wurde Dr. Jaffray unerklärlicherweise gestattet, bei den Frauen zu bleiben, während Darlenes Ehemann Charles in ein Konzentrationslager gebracht wurde. Dort musste er Brutalitäten erdulden, bekam verdorbenes Essen und wurde krank. Er starb am 28. August 1942.

Darlene, die in der Kaserne, ungefähr 150 Kilometer weiter entfernt, festgehalten wurde, erfuhr vom Tod ihres Mannes erst zwei Monate später. Ein Mitgefangener schmuggelte ihr die Nachricht zu, zusammen mit einer Bleistiftskizze vom Grab ihres Mannes.

Sie hatte alles verloren. Ihr Hab und Gut war zerstört. Ihre Heiratsurkunde war durch die Bombardierung verkohlt, sodass sie zu Asche wurde, als Darlene sie aufheben wollte.

Jetzt stand sie vor der voll besetzten Kirche. »Ihr lieben jungen Leute«, sagte sie, »es hat mich alles gekostet, dem Herrn zu dienen.« Sie machte eine Pause, dann fügte sie hinzu: »Aber um Jesu willen würde ich es wieder tun.« Ernst und feierlich ging sie an ihren Platz zurück.

Erwachsene Männer, die vor mir in den Kirchenbänken saßen, weinten. Ich spürte eine Hand auf meiner Schulter. Zwei Frauen saßen rechts und links von mir, und einen Augenblick lang glaubte ich, eine hätte sich vorgelehnt. Doch ich wusste, dass sie sich nicht bewegt hatte. Erst jetzt erkannte ich, dass Gott mich angerührt hatte.

»Gott, du wirst doch nicht etwa! Du wirst doch nicht mein Leben durcheinanderbringen! Du wirst doch nicht von mir verlangen, eine von ihnen zu werden! Ich habe doch andere Pläne, andere Träume!«

Doch Gott kann man weder ignorieren noch ihm etwas vorenthalten. Er sprach zu mir, und ich wusste, dass er mich als Missionarin in das Land schicken wollte, von dem Darlene Deibler gerade gesprochen hatte: Neuguinea.

Nach dem Gottesdienst ging ich nach unten in einen Gebetsraum, um die Sache zu besiegeln. »Ja, um deinetwillen, Herr Jesus, werde ich es tun.« Die Entscheidung bewegte mich tief. »Herr«, betete ich intensiv, »lass mich ohne Zweifel wissen, dass du zu mir redest. Ich möchte wissen, dass ich wirklich deine Stimme höre. Ich möchte keine gefühlsmäßige Entscheidung treffen.«

An jenem Abend hielt Dr. Paul Rood die Abschluss-Ansprache der Konferenz. Er schloss mit der Geschichte eines Mädchens, das sich weigerte, Missionarin zu werden, weil sie die Bindung zu ihrem irdischen Vater nicht aufgeben wollte.

Hatte ihm jemand von mir erzählt? Die Beschreibung passte genau auf mich! Mein Vater gehörte trotz all seiner Fehler zu mir und ich zu ihm. Er war der einzige Mensch in der Welt, der mich liebte. So sehr ich es auch versuchte: Ich konnte mich dieser Bindung nicht entziehen. Dr. Roods Illustration gab den Ausschlag. Gott sagte mir, dass ich ihn im Morgengottesdienst richtig verstanden hatte: Er wollte mich in Neuguinea.

Als ich an jenem Abend zum Altar ging, kniete Darlene Deibler neben mir nieder und legte ihren Arm um mich. Gemeinsam beteten wir, und ich versprach: »Herr, ich werde gehen!«

Einige Tage nach der Konferenz bat mich Darlene um einen Gefallen. Sie hatte gehört, dass ich Grafikerin war, und wollte wissen, ob ich ihr eine besondere Zeichnung anfertigen könnte. Sie übergab mir ein Stück Papier von der Größe einer Postkarte. Es war so oft aufgefaltet und zusammengefaltet worden, dass es fast auseinanderfiel, als ich es öffnete. Als ich es vorsichtig vor mich auf den Tisch legte, sah ich, dass es eine Bleistiftskizze von einem Grabhügel mit einem Kreuz darauf war, auf dem der Name »Charles Russel Deibler« stand. Unten stand auf Holländisch die Inschrift »Gott nimmt das Beste«.

Die Skizze war von einem jungen Mann angefertigt worden, der durch Charles' Dienst zum Glauben an Jesus gefunden hatte, als sie zusammen in dem Internierungslager waren. Er hatte Charles' Grab skizziert und die Skizze Darlene gegeben. Das Grab befand sich in einem Schweinestall.

Als ich meine Mal-Utensilien zusammensuchte, betete ich, dass Gott mir helfen solle, sehr genau zu zeichnen. Mit fast hörbarer Stimme fragte mich Gott, ob ich helfen würde, das Evangelium nach Neuguinea zu bringen.

»Herr, ich kann seinen Platz nicht ausfüllen. Er war ein Märtyrer.«

»Ich verlange nicht von dir, dass du seinen Platz ausfüllst, sondern dass du den gleichen Weg gehst.«

Von jetzt an konzentrierte ich mich darauf, mich auf den Missionsdienst vorzubereiten. Die Christian and Missionary Alliance Church hatte ihre Bibelschule in St. Paul, Minnesota. Und so nahm ich mir vor, dorthin zu gehen.

Während meiner Vorbereitungen lernte ich Darlene näher kennen. Obwohl sie oft herumreiste, um zu sprechen, suchte sie meine Freundschaft. Sie war ungefähr 12 Jahre älter als ich, doch merkte ich, dass sie mich auch als Mensch mochte, nicht nur als angehende Missionarin.

Eines Tages besuchten Darlene und ihre Mutter mich überraschend in meiner winzigen Wohnung. »Dorie, du ziehst zu uns«, kündigten sie an. Ohne weitere Diskussion packten sie meine Habseligkeiten zusammen. Als wir in ihrem Haus ankamen, sagte Darlenes Mutter: »Daddy, sag Dorie, was du geplant hast.«

»Von jetzt an«, sagte er, »sind wir nicht mehr Herr und Frau McIntoch, sondern Mutter und Vater Mac.«

Das verschlug mir den Atem. Jemand hatte mich angenommen! Endlich, mit 21 Jahren, gehörte ich zu jemandem! Darlene und ich hatten ein Zimmer zusammen und wurden enge Freundinnen. Allmählich vertraute ich ihr meine ganze Lebensgeschichte an.

Während ich bei Mutter und Vater Mac wohnte, hörte ich völlig unerwartet vom Verbleib meiner Mutter. Sie arbeitete als Kellnerin in der Cafeteria eines großen Drugstores. Fast fünf Jahre waren vergangen, seitdem ich sie zuletzt gesehen hatte, und ich zog es vor, ihr nicht mehr zu begegnen. Darlene ermunterte mich jedoch, meine Mutter noch einmal aufzusuchen. Mein

Widerstreben wurde schließlich von ihrer Unnachgiebigkeit überwunden. »Würdest du hingehen, wenn ich mitkomme?«, fragte sie.

Endlich willigte ich ein, unter der Bedingung, dass wir sie nur von Weitem sehen und sie nicht unbedingt begrüßen würden. Wir gingen zwischen den langen Reihen des Drugstores hindurch, bis wir hinten zur Cafeteria kamen, wo einige Kunden darauf warteten, bedient zu werden.

Stumm standen wir hinter den Parfüm-Auslagen und beobachteten die Szene. Da erschien meine Mutter. Darlene flüsterte: »Möchtest du mit ihr reden?« Ich verneinte.

Einen Augenblick lang überlegte ich, was geschehen würde, wenn ich jetzt an die Theke treten und sagen würde: »Hallo Mutter!« Doch ich widerstand der Versuchung. Jedes Verlangen, auf sie zuzulaufen und sie zu umarmen, war verschwunden. Ich empfand keine Bitterkeit; ich wusste einfach, dass sie die Gelegenheit nutzen würde, um mich noch ein letztes Mal zurückzustoßen. Und das wollte ich nicht.

Ich beobachtete sie vielleicht drei oder vier Minuten. Es war, als täte ich einen Blick zurück in die Vergangenheit. Erinnerungen überfielen mich, überrollten mich unwiderstehlich wie Wogen am Strand. Da stand sie vor mir – meine Mutter. Wie sehr wünschte ich, dass die Vergangenheit anders gewesen wäre. Sie lächelte. Scheinbar machte ihr die Arbeit Spaß. *Es kümmert sie gar nicht, dass sie irgendwo auf der Welt eine Tochter hat.*

Wie eine riesige Woge brach die Realität über mir zusammen. So sehr ich es auch wünschte: Ich konnte an der Vergangenheit nichts ändern. Ich wusste: Der Herr hatte eine Zukunft für mich, doch konnte ich nur vorangehen, wenn ich die Vergangenheit wirklich hinter mir lassen konnte. Ich würde einfach akzeptieren müssen, dass die grausamen Dinge geschehen waren, und sie unter das Blut Jesu stellen. Als ich so dastand, entschloss ich mich, die Bande der Vergangenheit zu zerreißen. Ich war bereit, der Zukunft entgegenzugehen.

Darlene nahm meinen Arm. Wir wandten uns ab und gingen hinaus. Das war das letzte Mal, dass ich meine Mutter sah. Zehn oder fünfzehn Minuten saß ich im Auto, ohne ein Wort zu sagen. Meine Gefühle gingen zu tief, als dass ich hätte Tränen vergießen oder Worte machen können. Obwohl ich den Stachel der totalen Ablehnung immer noch spürte, war keine Bitterkeit in mir. Gott bewahrte mich davor. Ich empfand tiefen Frieden darüber, dass Gott mich liebte und mich in der Zukunft leiten würde.

Bevor ich nach Minnesota gehen konnte, musste ich mich noch einer weiteren Aufgabe entledigen. Ich schuldete meinem Vater eine Erklärung über meinen Entschluss, Missionarin zu werden. Und ich nahm mir vor, ihm diese Nachricht persönlich zu übermitteln.

Als es an der Zeit war, abzufahren, kamen Mutter und Vater Mac und Darlene mit, um mich zu verabschieden. Vor der Abreise sagten sie: »Wenn du je einsam bist und dich nach Mutter oder Vater sehnst, um dich auszusprechen – wir sind immer für dich da.«

Du bist nicht meine Tochter

Je näher ich Tulsa kam, desto aufgeregter wurde ich. Es waren jetzt zehn Monate her, seitdem ich weggegangen war. Ich stellte mir vor, wie stolz Dad sein würde, wenn er hörte, dass ich etwas Vernünftiges aus meinem Leben machen würde. Obwohl er meine Liebe zu Gott nicht teilte, hoffte ich doch, er würde meine Freude und mein Glück teilen.

Als ich am Bahnhof ankam, nahm ich ein Taxi zum Haus meines Vaters. Ich konnte es kaum aushalten, als der Wagen um die letzte Ecke bog. Hastig bezahlte ich den Fahrer, sprang mit meinem Koffer heraus und rannte die Auffahrt hinauf. Dad saß auf der Veranda. Sobald er mich erkannte, erhob er sich langsam und kam mir bis zum Treppenabsatz entgegen.

Ich ließ meinen Koffer fallen und umarmte ihn stürmisch. »Dad!«

»Hallo, Liebes!« Auch er umarmte mich.

Mein Vater sah abgemagert und elend aus. Ich wusste, dass er schwer krank war, und es war offensichtlich, dass er sich nicht wohlfühlte. Langsam ließ er sich in den Schaukelstuhl sinken. Ich setzte mich auf den Treppenabsatz der Veranda, ganz nahe zu ihm. Er fragte mich nach meiner Reise und wie es mir ginge. Dann änderte sich seine Miene, und er wurde nachdenklich.

»Dorie«, sagte er langsam, »mein ganzes Leben lang war ich Anhänger einer bestimmten Philosophie, nach der ich leben konnte. Aber weißt du …« Er stockte, als suche er nach den richtigen Worten. »Weißt du, jetzt habe ich keine Philosophie, nach der ich sterben kann. Und ich werde sterben.«

Ich hielt den Atem an. In den vergangenen Monaten hatte ich ernsthaft dafür gebetet, Gott möge sein Herz für Christus erweichen. Vielleicht würden meine Gebete erhört werden. Mit wehem Herzen, von Liebe und Schmerz erfüllt, erzählte ich ihm von der besten Nachricht aller Zeiten.

»Dad, Jesus Christus ist der Einzige, der uns zum

Sterben vorbereiten kann – du brauchst ihn nur anzunehmen.«

»Nein! Ich wollte ihn nicht, als ich gesund war, und jetzt will ich ihn auch nicht.«

»Dad«, bettelte ich, »Dad, du kannst ihn jetzt annehmen.«

»Nein, Dorie. Nein!«

Ich traute meinen Ohren nicht. Mir wurde schwindlig, doch ich musste weiterreden. »Dad, ich bin hergekommen, um dir etwas zu sagen – Gott hat mich dazu berufen, Missionarin zu werden, um anderen von Jesus Christus zu sagen. Ich werde diesen Herbst zur Bibelschule gehen und später nach Neuguinea.«

So krank er auch war, erhob er sich und richtete sich kerzengerade vor mir auf. Seine Augen starrten an mir vorbei ins Leere. Dann wandte er sich um und kehrte mir den Rücken zu. »Wenn du das willst, brauchst du erst gar nicht deinen Koffer auszupacken. Rufe ein Taxi und fahre sofort wieder nach Kalifornien zurück. Von jetzt an bist du nicht mehr meine Tochter!«

»Dad, das ist doch nicht dein Ernst!«

»Doch, es ist mein Ernst. Ich will dich nie wiedersehen!«

Mir wurden die Knie weich, mein Herz raste, mein Magen verkrampfte sich. Tränen traten mir in die Augen, doch ich unterdrückte sie. Gewiss hatte ich mich verhört. Die Bestimmtheit in meines Vaters Stimme flößte mir Furcht ein. Es blieb nichts mehr zu sagen. Langsam ging ich zur Tür, zögernd, immer noch hoffend, mein Vater würde sich umdrehen und sagen, dass er einen großen Fehler gemacht habe. Doch er rührte sich nicht. Ich ging ins Haus und telefonierte nach einem Taxi. Als ich zur Veranda zurückkehrte, stand er immer noch da und wandte mir den Rücken zu. Einige Minuten vergingen. Wir verharrten schweigend. Ich versuchte ihn zu umarmen, doch er versteifte sich.

»Dad, ich habe dich immer noch lieb.«

Keine Antwort. Auch drehte er sich nicht um. Wenige Augenblicke später fuhr das Taxi vor. Ich ergriff meinen Koffer und stieg hinten ein. Als der Wagen anfuhr, stand mein Vater immer noch, den Rücken mir zugewandt, auf der Veranda.

Es war das letzte Mal, dass ich meinen Vater lebend sah.

Der Regen trommelte an die Fensterscheiben, als der Zug aus dem Bahnhof Tulsa hinausfuhr. Der graue Himmel und die einsetzende Dunkelheit verstärkten die Traurigkeit und den Schmerz in meinem Herzen. Jedes Schnauben der alten Dampflok schien zu sagen: *Du bist ganz allein – du bist ganz allein – du bist ganz allein.* Ich weinte hemmungslos und zerknüllte das feuchte Taschentuch in meinen Händen. Zunächst glaubte ich tatsächlich, ich sei ganz allein. Ich hatte Gott wegen dieser Reise gefragt. Ich hatte regelmäßig für meinen Vater gebetet – und jetzt war alles vorüber.

»Herr, er war der einzige Mensch in der Welt, der mich je geliebt hat. Wie konnte er mir das antun?« Mein Vater hatte mich zurückgestoßen, sich von mir abgewandt, endgültig. Schlimmer noch, er hatte Christus abgelehnt – zum letzten Mal.

Es verging vielleicht eine Stunde, bis es mir endlich ins Bewusstsein kam, dass Gott mich nicht verlassen hatte. Vor Jahren hatte ich einen Vers auswendig gelernt, der mir jetzt in den Sinn kam: »›Ich will dich nicht versäumen und dich nicht verlassen‹; sodass wir kühn sagen können: ›Der Herr ist mein Helfer, und ich will mich nicht fürchten; was wird mir ein Mensch tun?‹« (Hebräer 13,5b-6). Stück für Stück kam mir auch Römer 8,38-39 wieder in den Sinn: »Denn ich bin überzeugt, dass weder Tod noch Leben, weder Engel noch Fürstentümer, weder Gegenwärtiges noch Zukünftiges, noch Gewalten, weder Höhe noch Tiefe, noch irgendein anderes Geschöpf uns zu scheiden vermögen wird von der Liebe Gottes, die in Christus Jesus ist, unserem Herrn.« Und in diesem Moment tröstete mich die Liebe Gottes. Nein, ich war nicht allein, überhaupt nicht.

Meine Mutter hatte bedauert, dass sie mich je geboren hatte. Mein Vater hatte sich nicht um mich gekümmert, als ich heranwuchs, und jetzt hatte er mich endgültig verstoßen. Nur ein Freund hatte mich nicht verlassen – Jesus Christus.

Jemand hat einmal gesagt: »Wenn du nichts mehr hast außer Gott, dann erkennst du, dass Gott ausreicht.« Gott hatte mir beigestanden, als niemand anders mich haben wollte. Er würde mich auch jetzt nicht verlassen. Gott würde den tiefen Schmerz heilen, der in meiner Seele brannte.

Die Soldaten kommen!

Im September 1946 hatten die Mädchen der Bibelschule in St. Paul Grund zur Aufregung. Gut aussehende und heiratsfähige Soldaten kehrten aus dem Krieg zurück. Und einige davon hatten sich für das Herbstsemester eingeschrieben. Besonders einer verursachte Unruhe: Er war groß, dunkelhaarig und sehr gut aussehend, und er sprach mit einem Texas-Akzent.

»Wartet nur ab! Irgendeine wird ihm schon das Herz

brechen«, sagte ich mitten in einer hitzigen Schlafsaaldiskussion, an der sich alle weiblichen Insassen beteiligten. Durch meine Bescheidenheit und mein mangelndes Selbstwertgefühl hätte ich nie im Traum daran gedacht, ich selbst könnte meine eigene Prophezeiung erfüllen! Doch ein kleines Wunder geschah.

Lloyd Van Stone wurde in Houston, Texas, geboren und wuchs auch dort auf. Sein Vater besaß einen kleinen Lebensmittelladen und verlor während der Weltwirtschaftskrise fast alles. Später arbeitete er viele Stunden in einer Bäckerei, oft von 2 Uhr nachts bis 17 Uhr. Lloyds Eltern waren ehrliche, rechtschaffene und arbeitsame Leute, aber keine Christen.

Als Lloyd 15 Jahre alt war, lud sein Onkel Herbert ihn zu einem Bibelclub für Jungen ein. Onkel Herbert hielt den Klub jede Woche in seinem Haus ab. Nicht lange danach fand in der Christian and Missionary Alliance Church in Houston eine Missionskonferenz statt. Lloyds Cousin John nahm daran teil und wurde Christ. Er erzählte Lloyd, dass er sich bekehrt habe. Lloyd konnte nicht verstehen, was das zu bedeuten hatte.

Als P. R. Hyde, ein Bibellehrer, in der Kirche eine Evangelisation hielt, besuchte Lloyd die Veranstaltungen mit einiger Zurückhaltung. Am dritten Abend forderte Hyde die Zuhörer auf, Jesus Christus anzunehmen. Eine Frau hinter Lloyd tippte ihm auf die Schulter und sagte: »Mein Sohn, bist du errettet?«

»Ja«, erwiderte Lloyd, peinlich berührt. Er hatte gelogen. Als der Pastor seine Hand nahm und ihm die gleiche Frage stellte, konnte er nicht mehr ausweichen. Er wollte Gott nicht länger davonlaufen und nahm Jesus Christus an jenem Abend als Heiland und Herrn seines Lebens an.

Einige Jahre vergingen. Lloyd war mit einer Gruppe junger Leute zu einer Missionskonferenz nach Nyack, New York, gefahren. Dr. Turnball stellte den jungen Leuten die Missionsarbeit in Borneo vor Augen und forderte sie auf, sich zum Dienst in der Mission rufen zu lassen. An jenem Nachmittag stellte sich Lloyd Gott zur Verfügung und sagte ihm, er sei bereit, das Evangelium zu verkünden, wo immer Gott ihn hinsenden würde.

1943 wurde Lloyd der 1. US-Kavalleriedivision im pazifischen Kriegsschauplatz zugeteilt. Den Rekruten wurde verschwiegen, wohin sie verlegt würden. Lloyd meinte, sie seien auf dem Weg nach Burma oder Indien. Doch zu ihrer großen Überraschung legte das Schiff an der Nordküste von Neuguinea an. Er wurde auf den Admiralitätsinseln stationiert.

Als Lloyd die Einheimischen mit ihrem langen, verfilzten Haar sah, verstand er, warum die Soldaten sie »Wuschelköpfe« genannt hatten. Er war so abgestoßen, dass er nicht verstehen konnte, wie Missionare es aushalten konnten, unter diesen primitiven Menschen zu leben. Sie waren dreckig, undiszipliniert und barbarisch. Als der Krieg zu Ende war und die Kämpfe in Neuguinea aufhörten, war Lloyd froh, das Land verlassen zu können. Er hoffte, er würde es nie wiedersehen.

Doch Gott hatte andere Pläne. Bei einer Zeltevangelisation in Arlington, Texas, im Juni 1946, saß Lloyd in Gedanken versunken allein in dem Zelt. »Und dort«, sagte er, »forderte Gott mich auf, als Missionar nach Neuguinea zurückzukehren. Ich versprach, ihm zu gehorchen.«

So kam es, dass Lloyd und ich uns zusammen für das erste Semester an der Bibelschule von St. Paul einschrieben. Obwohl wir uns im ersten Semester nur flüchtig gesehen hatten, fing unsere Freundschaft im Januar an. Wir beide waren ausgesucht worden, in einer stadtweiten Missionskonferenz Vorträge zu halten, und unser Lehrer forderte uns auf, unsere Ansprachen gemeinsam einzuüben. Wir hielten das für einen ausgezeichneten Gedanken.

Eines Nachts hatte Lloyd einen Traum, in dem er mich heiratete! Prompt, wenn auch etwas ängstlich, entschloss er sich, mich um eine Verabredung zu bitten.

»Dorie«, begann er, »wollen wir nicht heute Abend zusammen einen Hamburger essen?«

»Nicht schlecht«, antwortete ich und versuchte verzweifelt, meine Freude zu verbergen. *Dies ist meine erste Verabredung,* sagte ich mir selbst.

»Ich hole dich um 19 Uhr in der Halle ab«, fügte Lloyd hinzu.

Zuerst erzählte ich niemandem, dass er mich ausführen wollte. Ich hatte Angst, jemand würde sich lustig machen und sagen: »Wie kommst ausgerechnet du dazu?« Sorgfältig sichtete ich meinen Kleiderschrank vor dem großen Ereignis. Am besten sah ich mit meinem dunkelblauen Rock und meiner hellblauen Bluse aus, meinte ich. Fünf Minuten vor sieben war ich noch in meinem Zimmer, aufgeregt damit beschäftigt, mich fertig zu machen.

»Dorie, du wirst abgeholt!«, rief ein Mädchen von unten.

»Ach Herr, es ist so wunderschön, dass endlich mal jemand auf mich wartet!«

Als wir in den kalten Winterabend hinausgingen, hatte ich Angst, auf dem Eis auszurutschen und dabei albern zu wirken. Gern nahm ich deshalb Lloyds Angebot an, mich bei ihm einzuhängen. Im Hamburger-Restaurant saßen wir uns gegenüber, wechselten bedeutungsvolle Blicke und unterhielten uns. *Hoffentlich berühren sich unsere Hände, wenn wir uns den Ketchup reichen.* Wir sprachen über die Schule und unsere Pläne für den Sommer. Er erzählte mir von seiner Familie, und ich erzählte ihm, dass ich in Oakland aufgewachsen sei, bei einem Arzt gearbeitet und eine Kunstschule besucht hätte. Wie dankbar war ich, dass er mich nicht nach Einzelheiten fragte!

Nach unserer langen Unterhaltung machten wir uns auf den Weg zurück zur Schule. Die Nacht war klar, die Sterne leuchteten. Er nahm meine Hand, dann blickte er in den Sternenhimmel hinauf und suchte den Großen Bären.

Ist es das, was ich vermisst habe? Es ist einfach herrlich, dachte ich. Wir erreichten die Schule erst, als schon alles abgeschlossen war. Der Nachtwächter musste uns einlassen. »Man merkt gleich, wo ihr gewesen seid«, zog er uns auf. »Ich rieche die Zwiebeln aus dem Hamburger-Laden!«

Wir brachen in Lachen aus. Dabei drehte sich Lloyd zu mir und fragte: »Wie wär's, können wir uns nicht nochmals verabreden?«

»Natürlich.«

»O. K., Stinkie.«

So antwortete ich: »Gute Nacht, Stinkie.« Seitdem nannten wir uns immer so. Meine Briefe an ihn unterzeichnete ich immer mit »Stinkie, OHILY«. Das war unser Codewort für »Oh how I love you«.

Als Lloyd mich einmal abholte, war niemand in der Telefonzentrale. So ergriff er das Mikrofon selbst und rief hinein: »Ich rufe Stinkie! Bist du fertig?« Alle Türen auf dem Mädchenflur öffneten sich. Ich hätte mich am liebsten in ein Mauseloch verkrochen. Doch er stand in aller Seelenruhe unten in der Halle und grinste, als ich die Treppe hinuntereilte.

Als das Schuljahr zu Ende ging, waren wir gute Freunde geworden. Bevor die Sommerferien begannen, beschlossen wir, einander zu schreiben. Ich ging mit Dr. Strohm, dem Präsidenten des Colleges, und einem Mädchenquartett auf Tournee. Das Quartett würde singen und ich würde sprechen und dadurch die Studenten vorstellen, die sich auf den Missionsdienst vorbereiteten. Lloyd befand sich anderswo im Einsatz.

Wir schrieben uns regelmäßig und teilten einander mit, was wir dachten und erlebten. Um seine Briefe anonym zu halten, zeichnete Lloyd den Großen Bären in eine Ecke statt seines Absenders. In seinem letzten Brief in jenem Sommer schrieb er: »Ich habe über uns nachgedacht. Lass mich wissen, wann du ankommst. Ich werde auf dem Bahnhof sein, um dich abzuholen.«

Und tatsächlich: Lloyd wartete im Hauptbahnhof von St. Paul auf mich. *Ich kann es kaum erwarten, bis er mich küsst,* dachte ich, als der Zug quietschend zum Stehen kam. Einige Augenblicke später lag ich in seinen starken Armen, und er küsste mich. »Es ist so schön, wie ich es mir gedacht habe«, flüsterte ich.

Auf dem Weg zur Schule kamen wir an einem Juweliergeschäft vorbei.

»Lass uns nach Ringen schauen. Ich möchte dir einen kaufen«, platzte Lloyd plötzlich heraus. Ungläubig blickte ich ihm ins Gesicht, da flüsterte er jene drei Worte in mein Ohr, nach denen ich mich mein ganzes Leben lang gesehnt hatte: »Ich liebe dich«, und dann küsste er mich noch einmal.

Als ich die Schule erreichte, rannte ich sofort ins Mädchenwohnheim. Ich war jedoch nicht in der Lage, in mein

Zimmer zu gehen und all den Freundinnen zu begegnen, die ich einen ganzen Sommer lang nicht gesehen hatte. Ich weinte ja vor Glück – und sie würden eine Erklärung verlangen. So stieg ich die Treppe hinauf zum Dachboden. In einem großen Abstellraum versteckte ich mich hinter Kisten und Koffern und knipste meine Taschenlampe an. Ich begann laut zu beten und öffnete gleichzeitig meine Bibel aufs Geratewohl. »Herr, wie bist du so gut zu mir, dass du mir einen Mann schenkst, der mich liebt! Ihm macht es nichts aus, dass ich hässlich bin. Er liebt mich! Herr, es ist fast zu schön, um wahr zu sein.«

Das Licht der Taschenlampe traf meine offene Bibel. Ich war überrascht, als mein Blick auf folgende Verse aus Matthäus 19 fiel: »Und jeder, der verlassen hat Häuser oder Brüder oder Schwestern oder Vater oder Mutter oder Frau oder Kinder oder Äcker um meines Namens willen, wird hundertfach empfangen und ewiges Leben erben. Aber viele Erste werden Letzte und Letzte Erste sein« (V. 29-30).

Wir verbrachten so viel Zeit miteinander, wie wir nur konnten. Je besser wir uns kennenlernten, umso mehr wurden wir in der Überzeugung gestärkt, dass Gott uns zusammengeführt hatte.

Zu Weihnachten besuchten wir Lloyds Eltern in Houston. Sie akzeptierten mich sofort. Durch die Art, wie sie mich behandelten, brachten sie ihrem Sohn gegenüber zum Ausdruck: *Dass du sie ja richtig behandelst, Lloyd! Sonst bekommst du es mit uns zu tun!* Ich konnte nicht anders als zu bemerken, wie lieb er zu seiner Mutter war. Zweifellos hatte der Herr sein Bestes für mich ausgesucht. Am Weihnachtsmorgen erhielt ich das schönste Geschenk – einen Verlobungsring von dem Mann, den ich liebte. Den Hochzeitstermin setzten wir auf den 15. Juni fest.

Ich konnte mir kein Hochzeitskleid leisten und wollte auch um keins bitten. Als ich zur Schule zurückkehrte, sagte mir eine verheiratete Freundin: »Dorie, ich habe über etwas nachgedacht, und ich glaube, das ist vom Herrn. Ich habe mein Hochzeitskleid hier und meine, es würde dir passen. Du darfst es tragen, wenn du willst.« Es passte genau. Eine andere gab mir einen Schleier. Einige Familien in der Gemeinde in Oakland veranstalteten eine Party zur Überreichung der Hochzeitsgeschenke und gaben uns auch etwas Geld für die Kosten der Hochzeit.

Wir heirateten in der Allianzkirche in Houston. Als der Tag herankam, wachte ich auf und betete: »Herr, mach uns zum Segen für andere, mach unser Heim zu einem Ort, an dem deine Liebe regiert. Wenn du uns Kinder schenkst, lass sie ein Segen sein, zur Ehre deines Namens.« Dann kniff ich mich in den Arm. »Herr, ist es denn wirklich wahr?«

Ich kam mir vor wie eine Königin. »Herr, wenn du mich nur für einen Tag schön machen kannst, dann lass es bitte heute sein!« Und ich glaube, ich war schön! Ich wusste nicht, wie ich Maria benachrichtigen sollte, aber ich wollte es auch nicht. Dieser Tag war zu schön, um ihn mit dem Leid und dem Kummer der Vergangenheit zu belasten. Oft hatte ich mich gefragt, wer mich wohl zum Altar führen würde. Lloyds Onkel Herbert, der Junggeselle war, bot sich an.

»Ach, Onkel Herbert«, sagte ich, während ich ihn umarmte, »wie freue ich mich, dass du mich führen wirst!« Als wir zum Altar schritten, zwinkerte mir Lloyd von dort zu. Ich beschleunigte meinen Schritt und zog Onkel Herbert mit. Glücklicherweise beschleunigte die Organistin das Tempo ebenfalls, sodass wir nicht vor Beendigung des Hochzeitsmarsches am Altar ankamen.

Wir mieteten uns eine kleine Wohnung in der Nähe der Bibelschule und beendeten unser letztes Schuljahr gemeinsam. Im Mai 1949 hatten wir unsere Abschlussfeier. Anschließend gingen wir nach Houston, um die Geburt unseres Sohnes Burney abzuwarten. Bald nach seiner Geburt am 6. Juni 1949 nahmen wir die Pfarrstelle einer kleinen Allianzkirche in Lubbock, Texas, an. Unsere erste Kollekte bestand aus 5 Cent!

Wenn mir jemand in jenen schrecklichen Tagen im Waisenhaus gesagt hätte, dass ich einmal wirklich glücklich sein würde, hätte ich es nicht geglaubt. Doch hier war ich, verheiratet mit einem prächtigen, tüchtigen Mann und Mutter eines entzückenden kleinen Jungen. Gott hatte mehr als alles, was ich erbitten und erdenken konnte, getan und mein Leben über alle Maßen gesegnet.

Doch unser Ziel lag noch immer vor uns: Neuguinea.

Vati, ich habe dich geliebt

Während meiner Bibelschulzeit in St. Paul dachte ich oft an meinen Vater. Obwohl er mich verstoßen hatte, hoffte ich, dass er in der Zwischenzeit eine Herzensänderung erfahren hatte und mich wieder annehmen würde. Ich betete und fragte Gott, was ich tun sollte. Eines Tages rief ich meinen Vater von Minneapolis aus an.

»Vati, hier ist Doris.«

Ich hörte, wie der Hörer wieder aufgelegt wurde. Später schrieb ich ihm einen Brief, erhielt jedoch keine Antwort.

Nach meiner Verlobung mit Lloyd rief ich meinen

Vater wieder an. »Vati, bitte leg nicht auf! Ich muss dir etwas Wichtiges sagen. Ich habe mich mit einem großartigen Mann verlobt, der mich sehr lieb hat. Ich wünschte, du würdest ihn kennenlernen. Wir werden dem Herrn gemeinsam als Missionare dienen. Doch mach dir keine Gedanken, Vati, er wird gut für mich sorgen.«

Am anderen Ende brachte mein Vater nur zwei Worte heraus: »Leb wohl.«

Das war schwer zu ertragen. Doch mit Lloyd an meiner Seite, der mich liebte und mir Geborgenheit gab, war es mir möglich, auch diese schroffe Ablehnung zu vergeben. Nachdem unser Sohn Burney auf die Welt gekommen war, sehnte ich mich danach, meinem Vater seinen Enkelsohn zu zeigen. Doch entschied ich mich, keinen Kontakt mit ihm aufzunehmen. Mit der Geburt meines Kindes begann endgültig ein neues Leben für mich. Die Vergangenheit musste begraben, vergessen und vergeben werden. Ich wusste, dass mein Vater einen eisernen Willen hatte. Nichts, nicht einmal ein Enkelsohn, konnte ihn von seinem Hass gegen Gott und seinem Widerstand gegen meinen Entschluss, Missionarin zu werden, abbringen.

Damals wussten wir nicht, ob mein Vater noch lebte oder schon gestorben war. Vier Jahre waren vergangen, seitdem ich ihm auf der Veranda seines Hauses begegnet war. Wir nahmen an, dass wenn er gestorben wäre, wir dies nicht einmal erfahren hätten.

Doch Gott hatte es anders geplant. Als Missionaren, die von der Christian and Missionary Alliance ausgesandt werden sollten, wurde uns nahegelegt, im Mai 1950 die Jahreshauptversammlung dieser Missionsgesellschaft in Toronto, Kanada, zu besuchen. Obwohl wir unser zweites Kind erwarteten, beschlossen wir hinzufahren.

Wir besaßen kein Auto für die lange Reise nach Toronto, doch ein Pastor aus Tulsa hatte uns eingeladen, mit ihm nach Toronto zu fahren. Auf dem Weg zurück nach Texas machten wir in St. Louis, Missouri, halt, und der Pfarrer rief von dort seine Frau in Tulsa an. Sie sagte ihm, dass sie gerade vom Tod meines Vaters in einer lokalen Zeitung gelesen hatte. Die Trauerfeier war auf den nächsten Tag festgesetzt worden, die Beerdigung sollte am Tag danach stattfinden. Mit großer Eile setzten wir unsere Reise nach Tulsa fort, in der Hoffnung, noch rechtzeitig zur Trauerfeier und Beerdigung einzutreffen.

Am nächsten Tag fuhren wir zum Bestattungsinstitut. Mein Herz begann zu klopfen; meine Gefühle überwältigten mich. Ich versuchte, an die schönen Stunden zu denken, die ich mit meinem Vater verbracht hatte, doch die Szene auf der Veranda, als er mich verstoßen hatte, stand mir am deutlichsten vor Augen.

Wenige Augenblicke später traten wir in die Vorhalle des Bestattungsinstituts. »Könnten Sie uns bitte sagen, wo Lewis Duckworth liegt, mein Herr.«

Er zeigte auf ein Schild neben der Tür einer der Kabinen. Ja, dort stand: »Lewis Duckworth.« Ich öffnete das Kondolenzbuch und schrieb meinen Namen unter die Überschrift »Töchter«. Der Bestatter war verärgert.

»Er hatte keine Kinder.«

»O doch. Ich bin seine Tochter.«

»Aber Sie können nicht hereinkommen. Es wird die Familie stören. Wenn Sie ihn sehen wollen, dann müssen Sie heute Abend zurückkommen, kurz bevor wir schließen.«

Mein Vater hatte Wort gehalten. Weil er in jenem Stadtteil ein prominenter Mann gewesen war, stand seine Todesanzeige auf der ersten Seite der lokalen Zeitung. Unter anderem hieß es darin: »Er hatte keine Kinder.« Der Bestatter wollte den letzten Wunsch meines Vaters respektieren.

Als wir uns umwandten, um zu gehen, sah ich eine meiner Tanten aus der Kabine meines Vaters kommen. Wir hatten uns während meines Aufenthalts in Tulsa kennengelernt. Wir sprachen kurz miteinander, und sie stimmte zu, dass es wohl am besten sei, wenn ich ginge. Jedoch bat sie mich, ihr die Telefonnummer zu geben, unter der sie uns erreichen könnte.

Traurig fuhren Lloyd und ich zurück zum Haus des Pastors, der uns nach Toronto mitgenommen hatte. Eine Stunde später klingelte das Telefon. Es war die Tante, die ich im Bestattungsinstitut getroffen hatte.

»Dorie, ich glaube, es ist am besten, wenn du nicht zur Beerdigung kommst. Es bestehen doch starke Ressentiments dir gegenüber.«

»Ja, ich weiß«, sagte ich.

»Ich habe dich aber immer gemocht«, versicherte sie mir. »Ich habe auch noch einige Dinge, die dein Vater dir wahrscheinlich überlassen wollte. Ich werde sie vorbeibringen.«

Kurze Zeit später kam meine Tante. Sie gab mir einen Karton mit Büchern, die meinem Vater viel bedeutet hatten. Darunter befand sich eine Serie »Große Philosophen«.

An jenem Abend fuhren Lloyd und ich zum Bestattungsinstitut, um meinen Vater zu sehen. »Lloyd, es tut mir leid, dass du auf diese Weise –«

»Es ist gut, mein Schatz, ich verstehe.« Mein Mann war meinen Familienproblemen gegenüber immer sehr verständnisvoll gewesen. Jetzt war er mir ein großer Trost.

Behutsam schlüpften wir in die Kabine. Und dort lag mein Vater. Er war in ein Totenhemd gekleidet, seine Hände über der Brust gefaltet. Selbst im Tod sah er noch gut aus, mit ausgeprägten Zügen und dunkler Hautfarbe.

Als ich auf seinen leblosen Körper starrte, brachen sich die Gefühle, die ich so viele Jahre verdrängt hatte, Bahn. »Vati, ich habe dich geliebt! Ich habe dich wirklich geliebt!«, schluchzte ich. Wir standen einige Minuten vor der Bahre.

Zärtlich legte Lloyd seinen Arm um mich. »Dorie, ich bin froh, dass er dich nicht haben wollte. Hätte er dich gewollt, so hätte ich dich nicht gefunden.« Ich fürchtete, ich würde zusammenbrechen, doch Lloyd half mir beim Hinausgehen und Einsteigen ins Auto.

Als wir wegfuhren, dröhnten die Worte, die mein Vater zu mir gesprochen hatte, als ich ihn das letzte Mal sah, noch in meinen Ohren: »Ich will dich nie wiedersehen. Du bist nicht mehr meine Tochter.«

Am nächsten Tag ging Lloyd zur Beerdigung. Ich hielt mein Versprechen und ging nicht hin. An jenem Nachmittag dachte ich an all die vielen Male, die Lloyd und ich für meinen Vater gebetet hatten. Ich war davon überzeugt gewesen, dass er mich eines Tages wieder aufnehmen würde, mehr noch, dass er eines Tages Jesus Christus als seinen Herrn und Heiland annehmen würde. »Herr, warum hast du ihn sterben lassen, ohne dass er deine Vergebung angenommen hat?«

Die Bibel sagt, dass Gott letztendlich alles zum Guten dienen lässt und dass selbst das Böse Teil seines Gesamtplans ist. Das stimmt, doch schien diese Erkenntnis es mir nicht leichter zu machen, am Sarg eines Menschen zu stehen, den ich geliebt und der Jesus Christus dreist abgelehnt hatte. Meines Wissens hatte mein Vater Gottes

Vergebung bis zuletzt verschmäht. Wenn das zutraf, würden er und ich uns in alle Ewigkeit nicht mehr begegnen. Die Unterredung auf der Veranda seines Hauses wird für uns die allerletzte gewesen sein; es wird kein Grüßen und kein Abschiednehmen mehr geben – für immer.

Einige Monate später, am 5. Oktober 1950, schenkte Gott Burney ein Schwesterchen. Wir nannten sie Darlene, zur Erinnerung an Darlene Deibler, die eine meiner liebsten Freundinnen geworden war.

Ein Jahr verging in der kleinen Gemeinde dort in Lubbock. Wir wurden innerlich unruhig und meinten, es sei an der Zeit, mit Gott einen Riesenschritt vorwärts zu tun. Wir waren noch nicht von der Mission berufen worden, nach Neuguinea auszureisen. Doch wir glaubten, dass die Christian and Missionary Alliance uns aussenden müsste, wenn wir selbst unsere Unterstützung aufbrachten.

So reichte Lloyd seine Kündigung ein, und wir fuhren nach Kalifornien. Auf dem Weg dorthin sprachen wir in jeder Gemeinde, die uns haben wollte. Von Kalifornien aus gingen wir nach Minnesota und hatten in wenigen Wochen genügend Geld für ein Jahr Missionsarbeit zusammen. Das Geld schickten wir direkt an die Zentrale unserer Missionsgesellschaft nach New York und erhielten umgehend die Nachricht, dass man uns nach Neuguinea aussenden wollte.

Die Erwartungen im Blick auf die Zukunft trugen dazu bei, den Schmerz um meinen Vater zu lindern. Mit seinem Tod wurden alle irdischen Bande zu meinen Verwandten abgeschnitten. Jetzt hatte ich Lloyd, zwei herzige Kinder und vor allem – Gott. »Herr, mit deiner Hilfe wollen wir vorangehen.«

Neuguinea, da sind wir!

Während seiner Ausbildungszeit für den Militärdienst sah Lloyd einmal eine Weltkarte, auf der die verschiedenen Insekten und die Krankheiten, die diese in den verschiedenen Gebieten der Erde verursachen, abgebildet waren. Er bemerkte so nebenbei, dass Neuguinea sie wohl alle haben musste! Doch Gott rief uns, und wir mussten gehorchen.

Nach einer kurzen Schulung im Wycliffe Summer Institute für Sprachen in Norman, Oklahoma, fuhren wir aus dem New Yorker Hafen hinaus in Richtung Neuguinea. Führende Leute unserer Missionsgesellschaft waren gekommen, um uns zu verabschieden, als wir an Bord des Frachters Soes Dyjk gingen. Langsam nahm er Kurs auf das offene Meer. Wir verbrachten unsere Tage auf Deck, indem wir uns entspannten und die Gemeinschaft zweier anderer Missionsehepaare genossen.

Drei Monate später, im März 1952, erreichten wir Indonesien und stiegen in ein kleineres Schiff um, das uns auf die Insel Biak, nördlich von Neuguinea, brachte. Von dort wurden wir zur Missionsstation nach Danaudanau Wissel geflogen, wo wir von einer Gruppe von Missionaren willkommen geheißen wurden – unter ihnen Darlene Deibler, die wieder geheiratet hatte und jetzt Darlene Rose hieß. Wir umarmten uns und weinten. Darlene nahm unsere einjährige Tochter auf den Arm. Zum ersten Mal begegnete sie ihrer Namensschwester.

Die Gläubigen aus dem Stamm der Kapauku versammelten sich um uns und sangen »Jesus liebt mich ganz gewiss«. Ich hatte dieses Lied immer als Sonntagsschulchorus betrachtet, doch in diesem Augenblick wurde es mir zu einem regelrechten Choral.

Wir schleppten unsere Vorräte in ein Blockhaus in Enarotali, wo wir mit den Roses zusammen wohnen sollten. Obwohl wir uns in einem fremden Land befanden, fühlten wir uns schon wie zu Hause.

Lloyd und ich stürzten uns ins Sprachstudium, fest entschlossen, uns mit Gottes Hilfe und Befähigung bald in Kapauku unterhalten zu können. Drei Monate später wurden wir gebeten, etwa fünfzehn Kilometer weiter an den Tigi-See zu ziehen, um dort eine neue Missionsstation aufzubauen. Man hatte dort ein Haus gebaut, und wir trafen Vorbereitungen, unsere Habseligkeiten an unseren neuen Wohnort zu schaffen.

Unser neues Haus war noch nicht ganz fertig, und Lloyd arbeitete fieberhaft daran in der Hoffnung, dass die Kinder und ich bald zu ihm ziehen könnten. Doch ohne Vorwarnung befiel mich plötzlich eine seltsame Krankheit.

Obwohl Lloyd nur etwa fünfzehn Kilometer von uns entfernt war, hätte es acht Stunden gedauert, um ihn zu Fuß durch das unwegsame Gelände zu erreichen. So wurde ich ohne sein Wissen in das Krankenhaus nach Hollandia (heute Jayapura bzw. Port Numbay) geflogen. Darlene Rose begleitete mich. Burney und Darlene blieben bei einem anderen Missionsehepaar, bis Lloyd zur Missionsstation nach Enarotali zurückkehrte. Er blieb zwei Wochen bei den Kindern und erhielt nur durch Funkkontakt Nachricht über mein Befinden.

Die Nachrichten waren jedoch nicht ermutigend. Mein Zustand verschlechterte sich zusehends. Der einzige Ausweg war eine Operation. Die Diagnose lautete Peritonitis, eine Bauchfellentzündung. In wenigen Stunden oder Tagen konnte sie zum Tod führen.

Lloyd ließ die Kinder in der Obhut von Missionaren zurück und flog zu mir, um vor der Operation bei mir zu sein. Der Operationssaal bestand nur aus einem Dach, mit Fliegengitter anstelle der Seitenwände, um die Patienten vor Insekten zu schützen. Einen Meter hohe Wellblechplatten umgaben die Außenwände des primitiven Bauwerks. Der Fußboden bestand aus Beton.

Das Krankenzimmer sah ähnlich aus, außer einem wichtigen Unterschied: Es hatte kein Fliegengitter, um die lästigen Fliegen und Moskitos abzuhalten. Die Patienten schliefen unter Moskitonetzen. Ein bewaffneter Posten stand neben dem Operationssaal. Als man mich in den Operationssaal brachte, war ich davon überzeugt, dass mein Tod bevorstand. Und um mich in meiner bösen Ahnung zu bestärken, wurde mir gesagt, dass ein katholischer Priester gerade auf dem Operationstisch gestorben war. Ich war als Nächste dran.

Arme und Beine wurden mit einem Strick festgebunden, und nachdem ich auf die Narkose reagierte, begann die Prozedur. Als ich wieder zu mir kam, saß ein Huhn am Fußende meines Betts.

Nach der Operation berichtete mir der Arzt, dass er eine Zyste an meinem Eierstock gefunden hätte. Als ich fragte, ob er sie entfernt habe, meinte er leichthin: »Nein.« Er hatte die Operation nicht vollständig durchgeführt und gab auch keinen plausiblen Grund an für seine offensichtliche Nachlässigkeit. Später wurde mir gesagt, dass eine akute Infektion einsetzte, weil dieser Arzt keine sterilisierten Instrumente verwendet hatte.

Aus zuverlässiger Quelle erfuhren wir Erstaunliches über diesen Arzt, der mich so nachlässig behandelt hatte. Er war in den Niederlanden deutscher Kollaborateur gewesen. Er hatte Geheiminformationen an die Nazis weitergegeben, um ihnen bei der Einnahme seines

Landes behilflich zu sein. Seine Strafe für die Spionage bestand in seiner Verbannung nach Neuguinea. Das erklärte auch die Anwesenheit einer Polizeiwache vor dem Operationssaal.

Innerhalb eines Monats konnte ich nach Enarotali zurückkehren, und unsere Familie war wieder vereint. Doch wir zogen nie in das neue Gebiet um den Tigi-See. Gott hatte andere Pläne.

Unsere Mission trug sich mit dem Gedanken, in das Baliem-Tal – tief im Innern Neuguineas – vorzudringen. Weit von aller Zivilisation entfernt, lebten dort 60 000 Eingeborene, die noch nie etwas von Jesus Christus gehört hatten. Die Dani, wie sie genannt wurden, standen in dem Ruf, Kannibalen zu sein. Das Tal war von unheildrohenden Bergen und unwegsamem Gelände umgeben.

Bei der Allianzgebietskonferenz 1953 wurden wir gebeten, gemeinsam mit den Roses und Einar Mickelson bei dem Baliem-Projekt mitzuhelfen. Wir zogen nach Sentani, dem bestmöglichen Standort für das zentrale Hauptquartier des Baliem-Projekts. Dort begannen wir Malaiisch zu lernen, die Handelssprache der Inseln.

Geistlich gesehen war ich in guter Verfassung, körperlich dagegen in ziemlich schlechter. Ich hatte mich nie ganz von der Operation erholt, und die Peritonitis brach wieder aus. Ein Arzt in Enarotali meinte, dass eine Schwangerschaft meinen Zustand verbessern könnte. Wir waren überglücklich, als wir feststellten, dass ich unser drittes Kind erwartete. Doch unser Optimismus war nur von kurzer Dauer. Ich hatte eine Fehlgeburt.

Anfang 1954 charterten wir ein australisches Handelsflugzeug, um über das Innere der großen Insel zu fliegen. Trotz meiner Krankheit war ich fähig, Lloyd und drei andere Missionare zu begleiten, um das Baliem-

Tal in Augenschein zu nehmen, das zwischen ungeheuren Bergen mitten im Busch liegt. Die Talsohle befindet sich immerhin fast 1800 Meter über dem Meeresspiegel. Drei- bis viertausend Meter hohe Berge umgeben es. Üppiges Grün, unterbrochen von Ackerland, bedeckt die Talsohle. Ein Fluss schlängelt sich hindurch.

Während wir über die kleinen Ansiedlungen flogen, entdeckten wir die Dani, die mit drei bis fünf Meter langen Speeren auf den Pfaden entlanggingen. Frauen und Kinder rannten in ihre Häuser. Schweine hasteten durch die Gärten.

Wenn Herr und Frau Welch an Bord dieses Flugs gewesen wären, wären sie enttäuscht von mir gewesen. Der Anblick der Dani, für die wir so oft gebetet hatten, löste bei uns allen mannigfaltige Gefühlsausbrüche aus. Ich blickte auf mein zukünftiges Zuhause – das Tal, für das Gott uns eine besondere Last aufs Herz gelegt hatte. Lloyd verbrachte seine Zeit in der Luft über eine Papiertüte gebeugt.

Unser Gebet war: »Herr, bitte lass uns hineinkommen, und zwar bald!« Gott richtete sich jedoch nicht nach unserem Zeitplan.

Sechs Wochen später sollten Lloyd und Einar Mickelson am Baliem-Fluss landen, um den Kontakt mit diesen Steinzeitmenschen aufzunehmen. Ich ahnte nicht, dass über ein Jahr vergehen würde, bis ich den Fuß in eins der Dörfer setzen würde, die wir gerade überflogen hatten.

Die Herausforderung vom Baliem-Tal

Während des Zweiten Weltkriegs war Douglas MacArthur Oberbefehlshaber der Alliierten Streitkräfte im Pazifik. Ihm lag sehr daran, einen Luftstützpunkt im Innern Neuguineas zu bauen, der im Notfall von den Streitkräften der Vereinigten Staaten angeflogen werden konnte. Damals nahm man noch an, dass das Innere der Insel unbewohnt sei und einen idealen Standort für solch ein Projekt darstelle. So war das Baliem-Tal von der amerikanischen Armee wiederentdeckt worden.

Die Christian and Missionary Alliance plante, in dieses Tal einzudringen, aber wie? Konnten Missionare durch den dunklen, dichten Dschungel kommen?

60 000 Steinzeitmenschen lebten in totaler Isolation, mindestens 300 Kilometer von jeder Zivilisation entfernt. Diese Strecke bestand aus unüberwindlichen Bergketten, dichten Wäldern und morastigem Sumpfland. Zweimal hatten sich Missionare anderen Gruppen angeschlossen, um herauszufinden, ob das Tal zu Fuß erreicht werden konnte. Um des Evangeliums willen waren sie bereit, ihr Leben zu riskieren für etwas, was ein englischer Schriftsteller aus der Kolonialzeit folgendermaßen beschrieb: »Was hinter den Bergketten verborgen ist, wartet auf dich – geh.«

Zwei Expeditionen erbrachten den Beweis, dass die einzige Möglichkeit, dort eine Missionsstation zu errichten, darin bestand, auf dem Baliem-Fluss mit einem Wasserflugzeug zu landen.

1953 begann unsere Missionsgesellschaft Mittel aufzubringen, um ein Flugzeug für dieses Projekt zu chartern. Der Hauptstützpunkt für diese Operation sollte Hollandia sein. Die Missionare, die für diesen Auftrag ausersehen wurden, waren Einar Mickelson, Jerry Rose und Lloyd Van Stone. Wir waren überglücklich! Lloyd und ich würden unter den ersten Weißen sein, die in dieses unbekannte Gebiet vordrangen.

Vorbereitungen wurden getroffen, um ein Flugzeug der Qantas zu chartern, doch der Gouverneur von Neuguinea verwehrte dem Flugzeug die Landung in seinem Land. So wurde die Entscheidung getroffen, ein zweimotoriges Wasserflugzeug zu kaufen, das auf dem Fluss landen konnte. Das Flugzeug, das den Namen »Evangeliumsbote« erhielt, kam im Februar 1954 in Neuguinea an. Endlich schien dem Einfliegen nichts mehr im Weg zu stehen.

Doch da tauchte ein weiteres Hindernis auf. Alle drei Ehefrauen der Missionare waren körperlich angeschlagen. Einar Mickelsons Frau musste wegen eines Problems mit ihrem Herzen in den Vereinigten Staaten bleiben. Darlene Rose war schwanger und flog nach Hause, als sie krank wurde. Jerry kam später zurück. Meine Peritonitis brach erneut aus. Zweifellos waren wir besondere Zielscheiben satanischer Angriffe. Würden wir je ins Baliem-Tal kommen?

Als mein Gesundheitszustand sich immer mehr verschlechterte, magerte ich auf 90 Pfund ab. Der Arzt riet mir, nach Amerika zurückzukehren. Die Missionsgesellschaft machte freundlicherweise den Vorschlag, dass Lloyd mit mir zurückfliegen sollte. Doch wir entschieden uns dagegen. Gott hatte uns hierhergebracht, und sein Werk musste weitergehen. Ich wäre viel lieber dort geblieben und in Neuguinea gestorben. Doch Lloyd erinnerte mich daran: »Liebling, wir haben die Verantwortung für die Kinder!« So beschlossen wir, dass ich mit Burney und Darlene, die damals vier und drei Jahre alt waren, nach Houston zurückkehren sollte. Lloyd würde in Neuguinea bleiben, um ins Tal einzudringen.

Den letzten Abend vor meiner Abreise verbrachten wir in einem Motel. Als wir uns zum Schlafengehen fertig machten, hörte ich Burney in seinem Bettchen schluchzen. »Was ist denn los, Liebling?«, fragte ich.

»Ach, Mami, ich glaube, ich kann es nicht aushalten«, sagte er. Seine blauen Augen schwammen in Tränen.

»Was kannst du nicht aushalten?«

»Ich kann es nicht aushalten, Papi zu verlassen.«

Ich konnte es auch nicht aushalten, als wir uns am Flughafen umarmten und weinten. Lloyd und ich rechneten damit, dass wir uns auf Erden nie wieder sehen würden. Wir waren uns darüber einig, unsere Kinder nach meinem Tod bei unseren Freunden Bob und Jesse Sylvester zu lassen. Als das Flugzeug die Landebahn hinunterrollte, kam es mir vor, als würde eine Hälfte von mir abgerissen. Die Kinder pressten ihre Nasen gegen die Scheiben und weinten: »Papi! Papi!« Als das Flugzeug einen Bogen flog, sah ich, wie Lloyd die Tränen übers Gesicht liefen. Ich wäre aus jenem Flugzeug hinausgesprungen, wäre ich nicht so zuversichtlich gewesen, dass wir unserem Herrn gehorchten. Im tiefsten Innersten wusste ich, dass wir uns auf ihn werfen konnten und er uns trösten würde, so wie er es auch in der Vergangenheit getan hatte.

Und so blieb es allein an Einar und Lloyd hängen, mitten im Dani-Gebiet zu landen. Obwohl die niederländischen Behörden sie warnten, gab es kein Zurück mehr. Lloyd berief sich auf einen Grundsatz der Armee: »Wir müssen hinein. Aber wir müssen nicht zurückkommen.« Der 20. April 1954, der Tag, an dem das Unternehmen beginnen sollte, rückte heran.

Lloyd erwachte um 5.30 Uhr, hielt seine Andacht und traf gegen 6 Uhr bei den Lewis' zum Frühstück ein. Eine Stunde später saßen er, Einar, der Pilot des Flugzeugs, Al Lewis, und der Kopilot Ed Ulrich im »Evangeliumsboten«. Mit von der Partie war eine bekehrte Kapauku-Familie Elisa und Ruth Gobai und ihre zweijährige Tochter Dorcas. Diese Familie wurde in die Aktion miteinbezogen, damit die Dani sahen, dass ihre weißen Besucher ihnen freundlich gesinnt waren. Außerdem konnte eine Gruppe, die nur aus männlichen Mitgliedern bestand, als feindselig verstanden werden. Später erfuhren die Missionare, dass die Dani Ruth gar nicht als Frau erkannt hatten. Vielleicht vermittelte die zweijährige Dorcas eine Atmosphäre der Freundschaft.

Lloyd beschrieb seine Gedanken: »Ist es ein Traum? Kann das wirklich wahr sein? Sind wir endlich doch auf unserem Arbeitsfeld, mit einem festen Ziel vor Augen? Keine Aufschübe mehr? Keine Hindernisse mehr? Keine Krankheiten mehr? Keine Schwierigkeiten mit dem Flugzeug? Ist es denn wirklich wahr, dass wir auf dem Weg sind?«

Beide, Einar und Lloyd, rechneten damit, dass sie dieses Wagnis mit dem Leben bezahlen mussten. Sie hatten mit der Regierung Neuguineas einen Vertrag unterzeichnet, dass die Missionare sich selbst überlassen sein würden, wenn irgendetwas schiefging. Die Regierung hatte jede Verantwortung abgelehnt. Außerdem hatten die Missionare dem Piloten Al Lewis die mündliche Zusicherung gegeben, dass alle Passagiere das Flugzeug nach der Landung sofort verlassen würden. Al befürchtete, dass das Flugzeug mit allen Passagieren an Bord in 1600 Meter Höhe, wo sie landen würden, nicht wieder starten könnte. So war also der Rückweg abgeschnitten, nachdem sie ihre Hand an den Pflug gelegt hatten.

Das Flugzeug kreiste über dem Fluss, um nach verstecktem Treibholz Ausschau zu halten. Dann setzte es zur Landung an. Plötzlich befanden sie sich auf dem Wasser. Die drei Männer sprangen heraus und wateten durch den Fluss auf das Ostufer zu, bis der Kopilot ans Ufer springen konnte. Das Flugzeug wurde an einen Baum gebunden. Lloyd und Einar, die bis zu den Hüften im Wasser standen, luden das Flugzeug aus. Fünfzehn Minuten später war es bereits wieder in der Luft. Die kleine Fünfergruppe blieb in der Wildnis allein zurück.

Der Boden musste von zuckerrohrähnlichem Gras befreit werden, das zwei bis drei Meter hoch war. Bis zum Mittag hatten sie so viel gerodet, dass sie auf dem freien Platz ein 2,40 x 2,40 Meter großes Zelt aufstellen konnten. An jenem Nachmittag versuchten Einar und Elisa anderthalb Stunden lang vergeblich eine Stelle zu erreichen, die nur ungefähr vierhundert Meter entfernt war und für das Abwerfen von Versorgungsgütern aus dem Flugzeug geeignet erschien. Der Boden war morastig, und es wimmelte von Moskitos.

Die Gruppe machte Mittagspause und aß eine Dose »Australisches Steak in Soße« (ein fantasievoller Name für einen wahrlich interessanten Inhalt) und eine Dose Dattelbrot, das Einar zum Geburtstag geschickt bekommen hatte.

Lloyd beschrieb den Rest des Tages: »An jenem Nachmittag rissen wir das Gestrüpp am Flussufer aus, damit das Flugzeug am nächsten Tag sicher landen konnte. Dann wurde ein Pfad getrampelt, um die 30 Meter hohe Radio-Antenne aufzustellen.

Zum Abendessen hatten wir eine Dose Käse und einen

großen Topf heißer Schokolade. Elisa, Ruth und Dorcas krochen ins kleine Zelt, Einar und ich ins Dachzelt. Was für eine Invasion stellten wir dar! Doch ›nicht durch Macht und nicht durch Kraft, sondern durch meinen Geist, spricht der Herr der Heerscharen‹ (Sacharja 4,6).«

Nach jahrelangem Beten, Planen und Arbeiten waren die Missionare endlich im Baliem-Tal angekommen. Bis jetzt zeigte sich kein Dani. Am nächsten Morgen landete Al Lewis zum zweiten Mal und brachte den Linguisten Myron Bromley sowie zwei Kapauku-Helfer, die bei der Errichtung des Lagers helfen sollten. Er brachte auch ein Schlauchboot mit, das uns von der holländischen Marine geliehen worden war.

Jetzt wurde es aufregend! Sobald das Flugzeug abgeflogen war, rief Elisa den anderen Männern etwas zu. Auf der Kuppe eines Berges zeichnete sich eine lange Reihe von Dani-Kriegern gegen den Himmel ab. Ihre drei Meter langen Speere sahen wie die Spitzen eines Eisengitters aus.

Doch ein anderes akutes Problem erforderte die Aufmerksamkeit der Missionare. Sie mussten ihre Lagerstelle verlegen. Das Wasser stieg, und ihr augenblicklicher Standort würde bald überflutet sein. Direkt auf der anderen Seite des Flusses befand sich ein hoher Erdhügel, der geeigneter erschien. Sie wateten hinüber, um ihn in Augenschein zu nehmen. Als sie zu ihrer ursprünglichen Lagerstelle zurückblickten, hörten sie das Geschrei einer Gruppe von Dani, die ihre Vorräte inspizierten. Die Männer konnten nicht so einfach wieder zurück; so konnten sie nur hoffen, dass die Dani ihre Geräte nicht beschädigten.

Während sie fieberhaft arbeiteten, um eine neue Lagerstelle zu errichten, erschienen zwei Dani. Sie trugen nur Hüftkordeln. Beide von ihnen hatten lange Speere, die sie gegen einen Baum lehnten. Sie waren gekommen, um die Missionare zu begrüßen.

Lloyd hatte gerade einen neuen Film in seine Filmkamera eingelegt, und so wurde diese Begegnung auf Farbfilm festgehalten. Später wurden in allen Einzelheiten Bilder von den Dani in all ihren Stammessitten aufgenommen. Anthropologen, die voller Interesse die Dani-Kultur studierten, schauten sich die Bilder genau an, als wir auf Heimaturlaub kamen. Lowell Thomas interviewte Lloyd und verschaffte ihm Gelegenheit, über seine Kontakte mit diesen primitiven Stämmen zu referieren.

Lloyd schrieb in sein Tagebuch: »Die Dani begrüßten uns, indem sie uns die Hände schüttelten und uns umarmten. Sie waren von Kopf bis Fuß mit Schweinefett eingeschmiert, und nachdem sie uns gebührend begrüßt hatten, waren wir es auch! Ich hatte immer gehört, dass Gott jemanden, den er beruft, auch befähigt. Doch bis zu jenem Augenblick hatte ich es nicht erfahren. Ich konnte diese beiden Männer tatsächlich lieb haben!

Unser erster Besucher zog den Schweinehauer, der in seiner Nase steckte, heraus und zeigte mir, wie dieser ins Nasenloch eingesteckt wird. Ich sah mir seinen Speer an und hoffte, dass er durch das Lächeln auf meinem Gesicht erkennen würde, dass ich ihm durchaus freundlich gesinnt war und nur seinen Speer bewundern wollte. Einer der Männer kletterte auf einen Baum und begann die Berghänge hinter unserem Lager zu beobachten. Er sagte immer wieder ›Selimike‹. Später erfuhr ich, dass das ›Feind‹ bedeutet.

Einige trugen Kopfschmuck aus Fellen, mit Federn besteckt. Einer hatte einen Haarschopf, der buchstäblich aus Hunderten von Ringellöckchen bestand. Zwanzig oder dreißig blieben für den Rest des Tages bei uns und versuchten, neue Wörter zu lernen.«

Aufgrund der Gebete von Hunderten von Gläubigen in der ganzen Welt hatten die Missionare endlich den Kontakt mit den Menschen im Baliem-Tal hergestellt.

Zwei Monate nach meiner Ankunft in den Vereinigten Staaten lag ich im Hermann Hospital in Houston und erholte mich von meiner Operation. Da kam eines Tages Jesse Sylvester in mein Krankenzimmer und fragte: »Dorie, welches ist die beste Neuigkeit, die du heute hören möchtest?«

Ohne zu zögern, antwortete ich ihr: »Die Missionare haben es geschafft und sind im Baliem-Tal angekommen!«

»Schau dir dies an, Dorie!« Man hatte von der Hauptgeschäftsstelle unserer Mission in New York ein Telegramm geschickt, in dem es hieß, dass der Funkkontakt mit den Missionaren im Baliem-Tal hergestellt worden war! Alles war in Ordnung.

Ich weinte vor Freude. Endlich war der Traum so vieler Jahre Wirklichkeit geworden. Lloyd war im Tal! Zehn Monate würden vergehen, bis die Kinder und ich zu ihm kommen konnten, doch der Anfang war gemacht.

Das Leben im Baliem-Tal

Das Vordringen der Missionare ins Baliem-Tal machte in den Vereinigten Staaten Schlagzeilen. Lowell Thomas gab im Radio einen Bericht und sagte, dass das Baliem-Tal eines der letzten Gebiete der Erde sei, das von der Zivilisation und vom Evangelium erreicht worden war.

Die Dani waren zu ihren Besuchern recht freundlich. Doch schon in den ersten Wochen wurden die Missionare Zeugen zahlreicher Stammesfehden. Bei verschiedenen Gelegenheiten wurden Dani direkt vor dem neuen Lagerplatz getötet. Die Missionare zerbrachen sich den Kopf darüber, warum diese Kämpfe ausgerechnet in dem Gebiet stattfanden, das sie sich ausgesucht hatten. Später erfuhren sie, warum: Sie hatten ihr Lager im Niemandsland aufgeschlagen, einem Gebiet zwischen zwei kriegerischen Stämmen. Gott sei es gedankt: Er bewahrte sie. Allmählich machte Bromley Fortschritte im Erlernen der Sprache. Bis jetzt verlief alles glänzend.

Im November 1954 verließen die Kinder und ich New York an Bord der »Orchides« und legten fast drei Monate später in Sydney (Australien) an. Lloyd holte uns ab. Was für ein herrliches Wiedersehen! Burney sprang seinem Vater in die Arme, doch unsere vierjährige Darlene erkannte ihn nicht wieder.

Vor elf Monaten hatte ich mich auf den Weg in die Vereinigten Staaten gemacht in der Annahme, mein Dienst mit Lloyd in Neuguinea sei zu Ende. Jetzt kehrte ich in verhältnismäßig guter körperlicher Verfassung wieder zurück. Und ein neues Zuhause erwartete mich im Tal.

Der fünfjährige Burney hatte Angst vor den Dani und machte aus seiner Angst keinen Hehl. Doch seine Furcht wich dem Stolz, als Al Lewis ihn neben sich, vorn im Flugzeug, sitzen ließ. Er saß kerzengerade da und hielt während des ganzen 45-minütigen Flugs den Steuerknüppel fest.

So kamen die Kinder und ich mit Lloyd am 20. Februar 1955 in das Tal. Das Flugzeug klatschte ins Wasser und kam auf dem Baliem-Fluss zum Stehen. Wir stiegen auf ein Holzfloß um und ruderten zum Strand. Mindestens fünfzig Männer und Jungen drängten sich um uns und wollten die Frau von Tuan Van Stone berühren. Ich war die zweite weiße Frau, die sie gesehen hatten. Darlene Rose hatte vor zwei Monaten einen Besuch im Tal gemacht.

Sie kniffen mich, legten ihre mit Fett verschmierten Arme um mich und strichen mir mit ihren Händen die Beine rauf und runter. Sie zogen mit ihren langen, schmutzigen Fingern an meinen Augenlidern. Das alles taten sie ohne böse Absicht – sie wollten nur Mama Van Stone berühren. Doch in ihrer Begeisterung verletzten sie mich leicht. Da gab mir Lloyd in dem ganzen Tumult den guten Rat: »Schrei einfach: ›Heki Hakeke Hu!‹«

»Was heißt denn das?«, schrie ich zurück.

»Das ist jetzt unwichtig, schrei es einfach!« So tat ich es. Es wirkte. Die Dani hielten sich zurück. Später erklärte mir Lloyd die Bedeutung dieser Worte: »Ihr könnt anschauen, aber nicht anfassen.«

Und doch: Als diese vor Schmutz starrenden Dani mich umarmten, gewann ich sie lieb. Unsere größte Bitte an den Herrn war gewesen, uns Liebe für sie zu geben. Ich habe keine Sprachbegabung. Doch ich kann Menschen lieb haben. Und ich liebte jene Dani.

Sie schleppten unsere Habseligkeiten zu der Hütte (ungefähr 3 x 8 Meter groß), die wir unser Zuhause nannten. Pfosten teilten zwei »Zimmer« ab. Dieses Gebiet des Tals wurde als »Hetigema« bekannt.

Die Dani umringten uns und beobachteten jede unserer Bewegungen. Köpfe erschienen an unseren unvergitterten Fenstern. Sie beobachteten uns beim Essen, waren fasziniert von der Art, wie wir uns wuschen, und gerieten ganz aus dem Häuschen, wenn wir unsere

Zähne putzten. Sie dachten, Zahnpasta sei Vogelmist. Darlenes Puppe, die »Mama« sagen konnte, verursachte einige Aufregung: Erwachsene Männer rannten entsetzt fort, später hatten sie jedoch den Mut, sie umzudrehen, völlig verwirrt von diesem seltsamen Kind! Sie versuchten herauszufinden, ob sie männlich oder weiblich war, und nachdem sie festgestellt hatten, dass sie geschlechtslos war, schlossen sie daraus, es sei ein Geist. Als ich die Puppe ins Fenster stellte, wurde sie so etwas wie eine Schaubudenfigur.

Da unser Haus ein Zufluchtsort für Ratten war, beschlossen wir, zwei Katzen einzufliegen, die uns dabei helfen sollten, den Kampf mit ihnen aufzunehmen. Die Katzen hatten reichlich zu fressen! Tatsächlich sahen sie einige Monate später wie ausgestopfte Tiere aus. Die Dani hatten noch nie Katzen gesehen und rührten sie nicht an. Als ich das Kätzchen einem Mann gab, blickte er ihm genau ins Gesicht und steckte dann dessen Kopf in seinen Mund! Ich dachte, er würde ihn abbeißen. Er begann das Kätzchen wie einen Lutscher vom Kopf bis zum Schwanz abzulecken. Das Kätzchen begann zu schnurren, und der Dani schrie: »Aniwu« (»Donner«), ein Wort, das sie auch gebraucht hatten, um unser Flugzeug zu beschreiben. Nie zuvor hatten sie solch ein seltsames Geräusch von einem Tier gehört.

Als eine der Katzen krank wurde, bat ich Elisa, sie zu töten. Kurz darauf stolzierte ein Krieger mit einem neuen, grauen Fellkopfschmuck herein. Als ich ihn fragte, wo er ihn herhabe, sagte er mir, dass er gesehen habe, wie Elisa die Katze tötete und aufpasste, wo er sie begrub. In der Nacht grub er sie wieder aus, aß sie auf und hob das Fell auf. »Niemand«, sagte er, breit grinsend, »hat einen Kopfschmuck wie ich!«

Die Dani waren verblüfft, wenn sie ihre Hände in heißes Wasser steckten. Es war ihnen nie in den Sinn gekommen, dass sie Wasser auf dem Feuer heiß machen konnten. Als sie einen Wäschewringer sahen, steckten sie Stöckchen hinein, um zu sehen, was passieren würde.

Während eines Schweinefestes schlachteten sie bis zu einem Dutzend Schweine und aßen von dem Fleisch noch Wochen später. Als ich ein verdorbenes Stück Schweinefleisch geschenkt bekam und es wegwarf, waren sie überrascht und meinten, ich hätte es nur verlegt. Sie brachten es zweimal ins Haus zurück. Das dritte Mal vergrub ich es.

Die Dani amüsierten sich über unser seltsames Gebaren. Lloyd entdeckte, dass sie, wenn er seine Schuhe auszog, vor Überraschung an ihre Hüftkordel schlugen, ihre Zeigefinger in den Mund steckten und an ihren Wangen zerrten. Während eines Besuchs in einem Dorf zog Lloyd gehorsam fünfmal seine Schuhe und Strümpfe aus! Allmählich erfuhren wir den Grund für ihre Überraschung: Sie meinten, der weiße Mann zöge einen Teil seines Körpers aus!

Auch andere Gegenstände waren eine Sensation. Ein Dani blickte in einen Spiegel und schaute dann dahinter, um zu sehen, wer dieser Mann vor ihm sei, den er nie zuvor gesehen hatte! Ein anderer sah in seinem Spiegelbild einen Freund, der hinter ihm stand. Er war völlig verdutzt. Wie konnte sein Freund zur selben Zeit vor und hinter ihm sein? Wahrscheinlich hatte er nur des Mannes Geist gesehen, dachte er. Rasierklingen, Kameras und Notizblöcke waren Grund zu weiterer Belustigung. Sie rubbelten die Arme der Missionare, um zu sehen, ob das Weiße abgehen würde.

Wir hatten gehört, die Dani seien Kannibalen. Als wir

unter ihnen lebten, entdeckten wir, dass dies tatsächlich zutraf, doch sie waren wählerische Kannibalen. Sie pflegten einen Feind nur zu kochen und zu essen, wenn er nicht zu reich und nicht zu arm war, nicht zu gut und nicht zu schlecht. Sie waren in jeder Beziehung primitiv. Menschenkot ließen sie neben ihren Pfaden liegen. Sie hatten keine Rauchsignale, machten sich keine Paddel für ihre Kanus, sondern steuerten mit primitiven Stöcken.

Von der Geburt bis zu ihrem Tod nehmen die Dani nie ein Bad. Sie schmieren sich dick mit Schweinefett ein oder mit Kohle und bedecken sich als Zeichen der Trauer mit Schlamm. Verständlicherweise muss man einen Dani nicht erst sehen, um zu wissen, dass er in der Nähe ist.

Und doch sind Gerüche schließlich persönlicher Geschmack. Die Freitagabende, so hatten Lloyd und ich vereinbart, würden für uns beide besondere Abende sein. Wir wuschen uns, zogen uns saubere Kleider an, machten einen Abendspaziergang oder machten Spiele mit den Kindern. Um einen Hauch Romantik zu verströmen, hatte ich ein Fläschchen Parfüm mit ins Lager gebracht. Wenn ich etwas davon gebrauchte, riefen die Dani aus: »Mama Van Stone, du stinkst!«

Ich bin oft gefragt worden: »Dorie, wie konntest du diese Menschen nur lieb haben?« Weil ich Gottes Gnade erfahren hatte, konnte ich seine Gnade weitergeben. Die Dani haben kein Wort für Liebe. Ich hatte keine Liebe gekannt, bis ich Gottes Liebe kennenlernte. Die Dani schlugen einander oft mit Keulen oder verprügelten ihre Kinder, bis ihnen die Augen im Kopf zurückrollten. Auch ich war geschlagen worden. Während meiner ganzen Kindheit hatte Gott die Grundlage dafür gelegt, dass ich mich mit den Dani identifizieren konnte. Ich verstand ihre Leiden und hatte sie lieb.

Der Gott, der mir im Waisenhaus begegnet war, schien zu sagen: »Dorie, du warst wie einer von ihnen – verstoßen und hässlich. Doch ich liebte dich und wandelte dich um. Und ich kann auch sie umwandeln.«

Oft blutete mir das Herz, wenn ich die grausamen Stammessitten dieser Menschen beobachtete. Hatte eine Frau zum Beispiel Ehebruch begangen, wurde ihr ein Pfeil durch einen Schenkel gebohrt. Oft wurden Kindern die Ohrläppchen abgeschnitten, als Zeichen der Trauer für den Tod eines Verwandten. Ebenso häufig war die Sitte, sich die Kuppe eines Fingers abzuschneiden, um bei der Beerdigung aufrichtige Trauer zu demonstrieren.

Schlimmer noch als die körperlichen Schmerzen, die diese rohen Wilden einander zufügten, war ihre Gefühllosigkeit gegeneinander. Aber auch damit konnte ich mich leicht identifizieren, denn ich erinnerte mich an den mir zugefügten Schmerz.

So abscheulich sie auch waren, konnten wir sie doch immer freundlich stimmen. Einmal sah ein Dani-Mann mir zu, als ich Geschirr wusch. »Mama, das kann ich doch tun«, bot er an. Er steckte seine Hände ins Wasser, und sofort schwammen Fettaugen auf dem Wasser. Das Fett setzte sich am Schüsselrand ab.

»Nein, das mache ich schon«, antwortete ich, in der Hoffnung, dass er nichts dagegen einwendete. Dann wollte er ein Handtuch und bestand darauf, das Geschirr abzutrocknen. Er nahm es fest in die Hand, leckte daran, schlug damit herum und gebrauchte es dann, um das Schweinefett von seinem Körper abzuschaben. Vorsichtig brachte ich ihm bei, dass ich beides allein tun würde – abwaschen und abtrocknen.

Eines Tages hatte ich die Ehre, in einen Dani-Stamm aufgenommen zu werden. Lloyd hatte ein ähnliches Erlebnis in einem anderen Stamm gehabt, kurz nachdem er ins Tal gekommen war. Für mich bedeutete das den Höhepunkt unseres Lebens im Baliem-Tal.

Es begann damit, dass ein Häuptling einem Schwein einen Pfeil ins rechte Vorderbein schoss. Einer der Männer fing das Blut auf einem Bananenblatt auf. Ein anderer schnitt ein Stück Fett ab, rieb es in seinen Händen, vermischte es mit dem Blut und begann, mir damit Kopf, Gesicht, Haare und Beine einzureiben. Er legte den Finger auf seine Nase, dann auf meine und erklärte: »Mama, wir sind eins. Du kannst in unsere Dörfer gehen und unsere Leute besuchen, und es wird dir kein Leid geschehen.«

Ich war überglücklich! »Herr«, betete ich, »wenn ich doch nur die Möglichkeit hätte, diesen Menschen zu erklären, dass uns nicht das Blut von Schweinen eins macht, sondern das Blut Jesu Christi!«

Unsere Kinder wurden auch in die Dani-Kultur aufgenommen. Die Dani machten Darlene ein kleines Netz, in dem sie ihre Puppen auf dem Kopf tragen konnte, so wie die Dani-Frauen ihre Babys trugen. Sie fertigten Burney einen Miniaturbogen mit Pfeil an und brachten ihm bei, wie man im hohen Gras Vögel jagt. Er und seine Dani-Spielkameraden ließen Reifen aus Rohr einen Hügel hinabrollen, wobei sie mit einem Stock in die Mitte des Reifens zielten, um dadurch Speerwerfen zu üben.

Oft standen wir in Gefahr, den Mut zu verlieren. Menschen um uns herum starben, ohne Jesus Christus als ihren Heiland kennengelernt zu haben. Der erste Mann, dem Lloyd damals 1954 eine Penizillinspritze gab, war Hawula. Er war von der Frambösie (»Himbeerkrankheit«) befallen, einer Seuche in wilden Stämmen, die Gewebeteile wegfrisst und furchtbare Entstellungen verursacht. Zwei Wochen später, als Lloyd in die gleiche Gegend zurückkam, umarmte dieser Mann ihn und zeigte ihm die frisch verheilten Stellen, wo zuvor die Frambösie gewesen war. So wurde Lloyd bekannt als »der Mann mit der Jesusnadel«.

Aus der medizinischen Behandlung Hawulas erwuchs eine Freundschaft. Bald wurde er unser Reisegefährte und ein enger Dani-Freund. Lloyd liebte diesen Mann und glaubte, er könnte vielleicht der Schlüssel sein, um seinen Stammesgenossen das Evangelium zu bringen. Hawula hatte auch die Fähigkeit, unser Sprachinformant und Stammesführer in seinem Stamm zu werden.

Bei unserem zweiten Weihnachtsfest im Baliem-Tal hatten wir zum ersten Mal die Möglichkeit, den Dani die Weihnachtsgeschichte zu erzählen. Einige Tage vor Weihnachten gingen Lloyd und ich mit unseren Kindern und Myron Bromley in das »Zaubertal«, um den Menschen dort die Geschichte von Christi Geburt zu erzählen. Als wir im ersten Dorf ankamen, setzten sich die Kinder in den Schatten eines Bananenbaums, um Schutz vor der brennenden Sonnenhitze zu suchen. Die Dani, die sich um uns versammelten, schienen aufgebracht. Ein Murmeln ging durch die Menge. Wir merkten, dass sie Burney und Darlene besondere Aufmerksamkeit schenkten und in ihre Richtung zeigten. Lloyd ging zu den Kindern und bedeutete ihnen aufzustehen. Wir sahen, dass sie auf menschlichen Knochen gesessen hatten.

Unverzüglich begann Lloyd die Leute auszufragen. Auf sein Forschen, wessen Knochen das seien, bekam er keine Antwort. Später erfuhren wir, dass die Dani die Namen des Toten nicht aussprechen, damit sein Geist nicht wiederkehrt, um sie zu quälen.

Die Leute begannen untereinander zu flüstern. Immer noch weigerten sie sich, Lloyd den Namen des Toten preiszugeben. Er drang jedoch in sie, und nach einer Weile flüsterte der Häuptling ihm ins Ohr: »Das sind Hawulas Knochen.« Hawula war im Kampf mit den Männern von Olokoma getötet worden. Dieser Stamm lebte im Süden. Nach seinem Tod brachten die Männer von Olokoma seinen Leichnam in den Pugima-Stamm zurück. Dort wurde er verbrannt. Nur seine Knochen blieben zurück – unter jenem Bananenbaum.

Wir waren entsetzt. Lloyd war wie versteinert. Hawula war tot! Lloyd sagte: »In jenem Moment kamen mir die Worte eines Missionslieds wieder in den Sinn, das ich junge Leute singen hörte, als ich in der Schule war:

›*Hunderttausend Seelen am Tag*
gehen in die Ewigkeit
ohne Christus, in Schuld und Dunkelheit,
ohne einen Schimmer von Hoffnung und Licht.
Sie gehen ins Verderben,
in eine Zukunft so dunkel wie eine endlose Nacht.‹

Herr, wie konnte es nur sein, dass dieser Mann buchstäblich durch unsere Hände in eine Ewigkeit ohne Christus ging? Und wir hatten die Botschaft nicht rechtzeitig bereit, um sie an ihn weiterzugeben!«

Unser Herz war schwer, und wir bekamen auch keine Antwort auf die Frage, warum unser Freund aus dieser Welt gegangen war, bevor wir ihm die Gute Nachricht sagen konnten.

Unsere Zeit steht in deinen Händen

Allmählich fassten wir Vertrauen zu den Dani. Unsere Kinder spielten mit den Dani-Kindern und erlernten schnell ihre Sprache. Wir waren davon überzeugt, dass die Dani nicht so gefährlich waren, wie man ursprünglich vermutet hatte. Trotz ihrer Stammesfehden glaubten wir, dass sie uns nie etwas antun würden.

Doch wir hatten uns getäuscht. Sechs Mal war Lloyds Leben in Gefahr; nur der Schutz Gottes bewahrte ihn vor dem Tod.

Eine von diesen Begebenheiten begann ziemlich harmlos, als wir mit unserem Hausbau beschäftigt waren. Oft kamen Dani, um uns zu helfen. Eines Morgens erschienen drei junge Mädchen bei uns. Obwohl wir nicht wussten, aus welchem Dorf sie kamen, ließen wir sie mithelfen. Um die Mittagszeit brachte ein tropischer Regenguss die Arbeit zum Stillstand. Später jedoch war es uns wieder möglich, noch einige Arbeiten draußen zu verrichten. Sie halfen uns bis 15 Uhr. Wir bezahlten sie und schickten sie nach Hause, nicht ahnend, dass sie vorhatten, einen angeschwollenen Fluss zu überqueren.

An jenem Abend gegen 18.30 Uhr kam ein junger Krieger ins Lager und fragte, ob wir nicht wüssten, wo die Mädchen seien. Wir erklärten ihnen, dass sie weggegangen waren. Er erzählte uns, dass sie in ihrem Dorf nicht angekommen waren. Es wurde befürchtet, dass sie ertrunken waren.

Am nächsten Morgen blieb es leer und still in unserem Lager; niemand kam uns besuchen. Das war ein sicheres Anzeichen dafür, dass etwas Ungewöhnliches geschehen war. Weiter im Osten sahen wir Leute auf dem Pfad, doch sie machten einen Umweg um unser Lager.

Elisa begab sich vorsichtig auf den Pfad und fragte, was denn geschehen sei. Die Antwort war niederschmetternd: Die Leute waren auf dem Weg nach Osten, um der Beerdigung der drei Mädchen beizuwohnen. Sie waren tatsächlich ertrunken. Nur der Leichnam eines Mädchens war gefunden worden. Wir waren tief betrübt und meinten, Gott habe uns enttäuscht, weil er solch eine Tragödie zugelassen hatte. Würde man uns dafür die Schuld zuschieben?

Lloyd zögerte, zu dieser Beerdigung zu gehen, denn er ahnte, dass sein Leben in Gefahr sein könnte. Doch er wusste auch, dass das Problem nicht gelöst würde, wenn er einfach zu Hause blieb. Durch seine Anwesenheit konnte er vielleicht unsere Trauer zum Ausdruck bringen. Er und Elisa beschlossen hinzugehen, während Ruth und ich bei den Kindern blieben.

Die beiden Männer hörten die Totenklage, als sie in die Nähe des Dorfes kamen. Innerhalb des Zauns saß ein Mann auf dem Boden und weinte. Aus dem Männerhaus ertönten schreiende Stimmen, die das entsetzliche Unglück beklagten. Auf dem Dorfplatz hoben einige Steine auf und schlugen sich damit ihre Köpfe blutig. Dann brachen sie in lautes Weinen und Klagen aus.

Lloyd gab dem Vater des Mädchens, dessen Leiche man gefunden hatte, Geschenke. Ein Mann sagte: »Van Stone hat auch ein schweres Herz. Er weint.«

Inmitten ihrer Totenklage rief jemand Lloyd zu einem kranken Mann. Zu seiner Überraschung war es der junge Krieger, der am Abend zuvor nach den Mädchen gefragt hatte. Plötzlich wurde ihm klar, was geschehen war. Dieser junge Mann war mit einem der toten Mädchen verlobt gewesen. Um seiner Trauer Ausdruck zu geben, hatte er sich einige Finger abgeschnitten. Lloyd verband die Wunden des jungen Mannes so gut er konnte. Das Herz tat ihm weh wegen der grausamen Leiden, die diese Menschen sich selbst zufügten.

Eine große Gruppe von Männern versammelte sich auf dem Dorfplatz und starrte Lloyd und Elisa intensiv an. Die Spannung stieg. Schweigen und Stille hingen wie eine Wolke über dem Dorf.

Lloyd wollte einfach davonrennen, doch er wusste, dass dies unklug wäre. Er unterhielt sich mit Elisa so zwanglos wie möglich und schlug vor, nach »Hetigema« zurückzukehren. Sie verließen das Dorf und versuchten, so natürlich wie möglich zu erscheinen. Unterwegs beteten sie. Sie wussten, dass sie nicht laufen durften, bis sie außer Sichtweite waren. Endlich gelangten sie an den Fluss, überquerten ihn unverzüglich und rannten den ganzen Weg nach Hause. Ruth und ich dankten Gott, als unsere Männer wohlbehalten wieder zurück waren.

Früh am nächsten Morgen trommelte Yamke, der Bruder des Häuptlings Ukumhearik, an unsere Tür und verlangte, dass Lloyd mitkäme, um dem Häuptling zu helfen. Lloyd hatte den Eindruck, dass er gehen musste. Es konnte ja sein, dass der Häuptling wirklich krank war. Er steckte seinen Medizinkasten ein und seine Pistole. Ein anderer Mann hatte Elisa aufgeweckt und bestand darauf, dass er auch mitkam. Als beide Männer fort waren, blieben Ruth und ich allein mit den Kindern zurück. Was hatte das alles zu bedeuten?

Als Lloyd und Elisa im Haus des Häuptlings ankamen, hatten sich Dani-Männer aus vielen Stämmen in dem lang gestreckten Haus versammelt. Häuptling Ukumhearik nahm seinen Platz Lloyd gegenüber ein. Dann begann eine feierliche Zeremonie. Der Medizinmann begann eintönig zu singen. Bald fielen alle anderen ein. Sie flehten die bösen Geister an, von den Geschenken zu weichen, die Lloyd dem Vater des toten Mädchens gegeben hatte.

Eine Rede folgte: »Van Stone, bevor du ins Baliem-Tal kamst, waren wir arm. Wir hatten keine Muscheln, Rasierklingen, Spiegel oder Äxte. Auch keine Medizin. Du hast uns alle diese Dinge mitgebracht, und du bist gut. Doch, Tuan Van Stone, gestern klagten dich die jungen Männer bei der Beerdigung an, am Tod der drei Mädchen schuldig zu sein. Sie wollten dich töten, als du aus dem Dorf gingst. Doch als du weggingst, kam Häuptling Ukumhearik und hielt sie davon ab, dich zu töten. Sie hatten dem Häuptling von ihren Plänen erzählt. Deshalb rannte er ins Dorf, um das zu verhindern.«

Lloyd erzählte, dass er meinte, sein Herzschlag würde aussetzen, doch das Hämmern in seinen Ohren war der Beweis dafür, dass dem nicht so war. Häuptling Ukumhearik erklärte Lloyd, dass unsere Freundlichkeit seinem Bruder Hutunsek gegenüber ihn dazu veranlasst habe, einzugreifen und Lloyds Leben zu retten. Hutunsek hatte sich ein Bein gebrochen, und Lloyd hatte sechs Wochen an der Küste zugebracht, bis das Bein geheilt war. Jetzt saß Lloyd mitten unter diesen Männern, die ihn noch gestern hatten töten wollen, und pries Gott, dass er ihn beschützt hatte.

Zwei Stunden waren vergangen, seitdem Lloyd und Elisa uns verlassen hatten. Voller Angst und Sorge warteten wir auf eine Nachricht. Plötzlich hörten wir das Motorengeräusch eines Flugzeugs, das über uns kreiste. Ruth und ich rannten hinaus und winkten dem Piloten verzweifelt zu. Da die Funkverbindung abgebrochen war, hatten unsere Freunde an der Küste fünf Tage nichts von uns gehört. Sie meinten, wir seien alle ermordet worden. Der Pilot hatte strikten Befehl, nicht zu landen, es sei denn, jemand käme heraus und winkte.

Nicht lange nach der Landung des Flugzeugs kamen Lloyd und Elisa und erzählten uns, was geschehen war. Lloyd war blass, offensichtlich erschüttert über die Erkenntnis, dass er dem Tod nur mit knapper Not entronnen war.

An jenem Abend dankten wir Gott aus tiefstem Herzen. Er hatte Lloyd dazu veranlasst, Hutunsek zu helfen und die Hochachtung und Freundschaft dieses Jungen zu gewinnen. Gott hatte jene Freundschaft dazu gebraucht, das Herz des Häuptlings Ukumhearik dazu zu bewegen, Lloyds Tod zu verhindern.

Einige Monate später entging Lloyd noch einmal um Haaresbreite dem Tod. Eines Morgens beschlossen Dick Lanehan, Jerry Rose und Lloyd, ein neues, unerforschtes Gebiet im Tal in einem vorgefertigten leichten Motorboot, das man eingeflogen hatte, unter die Lupe zu nehmen. Sie wollten einem Flusslauf folgen, der in den Baliem-Fluss mündete. Auf ihrem Weg nach Westen kamen sie an einen über den Fluss gefallenen Baum, der jetzt als Brücke diente. Die drei kletterten aus dem Boot und zogen es über den Stamm. Direkt auf der anderen Seite verbargen sich einige Dani im Busch.

Die Missionare begrüßten sie freundlich und machten dann ihr Boot an einem riesigen Baum fest, der oben als Ausguck diente. Sie wussten, dass sie sich im Niemandsland befanden. Tagsüber saß oft ein Mann auf dem Ausguck und hielt nach dem Feind Ausschau. Jerry blieb beim Boot, während Lloyd und Dick ins Dorf gingen, das einige Hundert Meter entfernt war. Dieser Dani-Stamm hatte zweifellos von der »Jesusnadel« gehört, denn einige der Bewohner, die Frambösie hatten, deuteten an, dass sie die Spritze haben wollten. Lloyd begann die Leute zu behandeln, als plötzlich in ungefähr zehn Meter Entfernung ein alter Mann ohne Vorwarnung aus dem Busch trat und herausfordernd auf Lloyd und Dick zuging. Sein Speer auf sie gerichtet, zischte er: »Pugima selimike«, was so viel bedeutete wie: »die Feinde aus Pugima«. Die Missionare wurden mit den Feinden des Stammes identifiziert!

Lloyd erzählt, was dann geschah: »Im Nu drehten sich die Männer um, um ins Dorf zu laufen und ihre Speere zu holen, die gegen einen Zaun oder einen Baum gelehnt standen.

Frauen und Kinder versteckten sich. Die Männer umkreisten uns mit erhobenen, auf uns gerichteten Speeren. Ich versuchte mit dem Mann, der das alles in Szene gesetzt hatte, zu reden, doch meine Stimme ging in dem Geschrei unter. Einer versuchte einige Worte zu unseren Gunsten zu sprechen, doch er wurde beiseitegestoßen. In dem Augenblick, als sie ihre Speere abwerfen wollten, schoss ich mit meiner Pistole in die Luft. Der Schuss war ebenso ohrenbetäubend wie die Stille, die darauf folgte. Langsam ließen die Männer ihre Waffen sinken und blickten in alle Richtungen, um festzustellen, woher dieses schreckliche Geräusch gekommen war. Ich wollte losrennen, doch zuvor legte ich die Medizin noch in den Medizinkasten zurück, machte ihn zu und stürzte zum Fluss.

Dick rannte zuerst den Pfad zum Boot hinunter. Wir sprangen das Ufer hinunter und liefen um ein Schlammloch. Als ich einen Blick über die Schulter warf, sah ich, wie ein Dani seinen Speer nach mir schleuderte. Ich machte einen Schritt zur Seite, und er zischte in Schulterhöhe an mir vorbei. Erzitternd blieb er neben mir im Schlamm stecken. Einen Augenblick war ich wie versteinert, dann rannte ich weiter zum Boot. Dick sprang zuerst hinein, ich dicht hinterher. Jerry schoss mit seiner Pistole in die Luft, um die Dani zurückzuhalten, doch da die Schüsse keinen Schaden anrichteten, kamen die Dani immer näher.

Verzweifelt begann ich das Kabel aufzurollen, das ich vor weniger als einer Stunde um den Baum gewickelt hatte. Ich konnte einfach nicht glauben, dass ich ihn so oft umwickelt hatte. Die Luft um uns erzitterte von den Speeren und Pfeilen, die auf uns abgefeuert wurden. Sobald das Kabel gelöst war, startete Jerry den Motor und wir schossen in halsbrecherischer Fahrt um die kleine Landzunge herum. Doch dann merkten wir, welch ernste Gefahr uns bevorstand. Die Dani waren flink und würden vor uns an den Baumstamm gelangen, der quer im Fluss lag. Es blieb uns keine Zeit, irgendetwas abzusprechen. Dick sprang an das Ufer des schmalen Flusses und feuerte mit seiner Pistole in die Luft. Jerry sprang auf der einen Seite des Stamms heraus, ich auf der anderen Seite. Wir hoben das Boot an und zerrten aus Leibeskräften. Was eine Stunde zuvor noch höchst beschwerlich gewesen war, wurde jetzt mit Leichtigkeit bewältigt. Ja, das Boot erschien uns so leicht wie eine Feder! Als wir es über den Stamm zerrten, bemerkte ich, dass mir ein Ast im Weg war. Ich brach ihn ab. Sobald das Boot über dem Stamm war, sprang ich hinein. Dabei stolperte ich und fiel beinahe auf mein Gesicht.

Wieder im Boot, blickte ich an mir hinunter und entdeckte, dass der Ast, den ich abgebrochen hatte, ein Pfeil war, der durch meinen Unterschenkel gedrungen war und dessen Ende herausragte. Es war also der Pfeil und nicht der Ast, der mich zum Stolpern gebracht hatte.

Dick sprang ebenfalls ins Boot, und wir machten uns

aus dem Staub. Die Krieger verfolgten uns immer noch, doch mussten sie schließlich die Jagd aufgeben, da der Pfad am Fluss aufhörte.«

Die Männer wagten nicht anzuhalten. Kreuz und quer, unter Ästen hindurch und um Baumstümpfe herum rasten sie davon. Als sie den Baliem-Fluss erreichten, hielten sie inne, um Gott für die Bewahrung in der vergangenen Stunde zu danken. Als sie schließlich im Lager ankamen, schmerzte Lloyds Bein beträchtlich. Er hüllte sich in einen Poncho, um sein Bein zuzudecken, damit die Dani in unserer Nähe nicht sahen, dass er von einem Pfeil getroffen worden war.

Als wir den Tumult draußen hörten, rannten Darlene Rose und ich hinaus, um die Männer zu begrüßen, nicht ahnend, dass einer von ihnen verletzt war. Ich merkte, dass Lloyd humpelte, und sah dann zu meinem Entsetzen den Pfeil in seinem geschwollenen Bein stecken. Jerry Rose führte eine kleine Operation an Lloyd durch. Zuerst nahm er eine Rasierklinge und vergrößerte die Wunde. Dann zog er vorsichtig den Pfeil mit einer Kneifzange heraus. Ein Stück Orchideenfaser, die an der Spitze des Pfeils befestigt war, um eine schnelle Infektion herbeizuführen, blieb jedoch unter der Haut sitzen. Jerry benutzte eine Pinzette, um das letzte Stückchen herauszuziehen, und säuberte dann sorgfältig die Wunde. Die Behandlung endete damit, dass Lloyd seine eigene Medizin bekam – eine Penizillinspritze.

Es war am frühen Nachmittag. Ungefähr eine Stunde lang saßen wir alle da und diskutierten über das, was geschehen und was schiefgelaufen war. Wir konnten nur staunen, dass niemand getötet worden war. Wie dankten wir Gott, dass er Jerry, Dick und Lloyd vor größerem Schaden bewahrt hatte!

Doch unsere Freude sollte nur von kurzer Dauer sein. Es war in Gottes Plan, das Leben eines unserer Missionare nicht zu verschonen.

Früh an jenem Morgen hatte der Pilot Al Lewis sich über Sprechfunk nach den Wetterverhältnissen bei uns erkundigt. Wir berichteten ihm, dass der Himmel bedeckt sei, und rieten ihm, nicht ins Tal hereinzufliegen.

Kaum hatten wir unsere Diskussion über das knappe Entkommen der Männer beendet, als wir ein Flugzeug kreisen hörten. Wir waren überrascht, denn wir hatten angenommen, dass Al wegen des schlechten Wetters seinen Flug abgesagt hatte. Außerdem war es ungewöhnlich, dass ein Flugzeug nachmittags hereingeflogen kam; normalerweise kamen die Flugzeuge nur vormittags.

Jerry und Dick rannten hinaus und sahen, dass es ein Flugzeug der Regierung war. Beim dritten Kreisen warf es eine Nachricht ab: »Sofort Funkverbindung mit Sentani aufnehmen. Notfall.«

Jerry und Dick rannten sofort los, um den Funkkontakt herzustellen. Die Batterie am Funkgerät war jedoch so schwach, dass die Leute in Sentani Jerry und Dick nicht hören konnten. Aber die Männer konnten Mary Lewis, Als Frau, und Myron Bromley hören, die versuchten, mit Al Funkkontakt herzustellen. Nein, o nein! Al Lewis war zu einem Flug ins Tal gestartet, doch er war nicht angekommen!

In jener Nacht konnten wir vor Angst und Sorge nicht schlafen. Was war mit Al und seinem Flugzeug geschehen? Wie sollte in Zukunft die Arbeit im Baliem-Tal weitergehen, wenn dem Flugzeug und seinem Piloten etwas zugestoßen war?

Am nächsten Tag erfuhren wir, dass Al seine letzte Position um 9.23 Uhr über dem Idenburg-Fluss angegeben hatte. Scheinbar hatten sich dunkle Wolken um ihn zusammengeballt, als er versuchte, das Flugzeug durch den gefährlichen Pass ins Tal zu steuern.

An jenem Nachmittag unternahm die niederländische Regierung einen Rettungsversuch aus der Luft, der sich über die folgenden fünf Tage erstreckte. Piloten der Mission Aviation Fellowship flogen ständig an den Steilhängen hin und her, auf der Suche nach dem Wasserflugzeug und seinem Piloten.

Genau vier Wochen, nachdem Lewis das Flugfeld in Sentani verlassen hatte, wurde das Wrack seines Flugzeugs gesichtet. Die Nachricht von seinem Absturz erschütterte uns tief. Unsere Herzen waren voller Furcht. Wir hatten immer gewusst, dass unser Verbleib im Baliem-Tal mit Risiken verbunden war. Doch jetzt war Al Lewis tot, und wir waren ohne Flugzeug. Die Zukunft unserer Missionsarbeit hing am seidenen Faden.

Darüber hinaus war Lloyd von einem Dani-Pfeil verwundet worden. Bis zu jenem Zeitpunkt hatten wir uns in Sicherheit gewiegt und geglaubt, die Geschichten von den wilden Dani seien übertrieben. Doch waren wir mehrmals bedroht worden, und das jüngste Ereignis bestätigte unsere Furcht, dass wir jederzeit getötet werden konnten.

Einige Tage nach dem Absturz ordnete der Gouverneur von Neuguinea an, dass alle Frauen und Kinder aus dem Baliem-Tal evakuiert und in einem Flugzeug der Regierung an die Küste geflogen werden sollten. Darlene und ich und unsere Kinder verabschiedeten uns von unseren Ehemännern und brachen nach Sentani auf.

Lloyd und Jerry erzählten uns später, dass sie hemmungslos schluchzten, nachdem wir weg waren. Die Gefühle, die sie vor uns verborgen hatten, überwältigten sie. Sie rechneten damit, dass sie uns nie wiedersehen würden.

Eine unheimliche Furcht packte Lloyd. Sie wuchs von Tag zu Tag. Als er eine Nacht allein im Haus war, hörte er jemanden gegen die Aluminiumwände schlagen. Erst bei Sonnenaufgang schlief er schließlich ein. Um seine Angst zu überwinden, zwang sich Lloyd, in die Dörfer zu gehen und die Kranken zu behandeln. Jedes Mal musste er gegen eine unüberwindlich scheinende Macht ankämpfen, die ihn zurückhalten wollte. Doch er ging in der Hoffnung, dass dieser Dienst ihm helfen würde, seine Furcht unter die Füße zu bekommen.

Eines Abends kam es zur Kraftprobe: Entweder musste er seine Furcht überwinden, oder er würde von ihr überwunden werden. Lloyd ging neben einer Steinmauer hinter unserem Anwesen hin und her. Er konnte nicht mehr beten. Seine Worte erschienen ihm wie Hohn. Die Qual und die Angst waren jetzt so übermächtig, dass er nichts mehr tun konnte, als das Blut Jesu in Anspruch zu nehmen. Die Heilige Schrift sagt, dass der Satan durch das Blut des Lammes überwunden wird. Von diesem Augenblick an wich die Angst von Lloyd. Der Ursprung seiner Angst war bloßgestellt – Satan. Der Weg zum Sieg stand klar vor Augen – der Triumph Jesu Christi am Kreuz. Selbst als Lloyd in das Dorf zurückkehrte, in dem er angeschossen worden war, war ihm die Angst kein Hindernis mehr.

Obgleich man das Wrack des Flugzeugs, das Al geflogen hatte, hoch oben auf den zerklüfteten Hängen an der Vorderseite einer Felswand gesichtet hatte, erklärte die niederländische Regierung, dass sie weder über die Mannschaften noch über die benötigte Ausrüstung verfüge, um einen Suchtrupp über Land zur Absturzstelle zu schicken. Später wurden drei verschiedene Expeditionen unternommen, um zu dem Wrack zu gelangen. Bei der zweiten begleitete Lloyd Beauftragte der Regierung und eine Gruppe von Lastenträgern mit dem festen Entschluss, die Absturzstelle zu erreichen. Sie waren eine Woche lang unterwegs und mussten umkehren, weil ihre Nahrungsmittelvorräte zur Neige gingen.

Vier Jahre nach dem Absturz erreichte ein dritter Suchtrupp das Wrack. Sie entdeckten, dass die beiden vorherigen Suchtrupps nur ein paar Hundert Meter von der Absturzstelle entfernt gewesen waren. Al Lewis' Körper war dem Anschein nach beim Aufprall mitten durchgebrochen. Die kleine Gruppe von Männern hielt eine kurze Trauerfeier zum Andenken an den mutigen Piloten.

Die Arbeit im Baliem-Tal musste weitergehen. Obgleich wir entmutigt und tief betrübt waren, spornte uns das Andenken an Al an, nicht aufzugeben.

Versprich mir, dass du mich beerdigst

Bevor die Kinder und ich ins Baliem-Tal zurückkehren durften, forderte die Regierung, dass eine Landebahn gebaut würde. Es durften keine Flugzeuge mehr auf dem unberechenbaren Baliem-Fluss landen. Nach Osten hin erstreckte sich ein langer Abhang, der parallel zum Aigaik-Fluss verlief. Er war mit Felsblöcken, Steinmauern, verlassenen Gärten und Bäumen bedeckt. Doch war dies der geeignetste Ort. Ohne Werkzeuge und modernes Gerät würde der Boden planiert und für die Landung eines Flugzeugs präpariert werden müssen. Der Häuptling und der Medizinmann gaben ihre Zustimmung zu dem Projekt. In den Dörfern wurde bekannt gegeben, dass man Leute zur Aushilfe brauchte. Sie würden für ihre Arbeit bezahlt werden.

Rund vierzig Männer kamen jeden Tag. Mehr als hundert Bäume wurden gefällt und ihre Wurzeln verbrannt. Vierzehn Steinmauern wurden zertrümmert und Stein für Stein an den Rand der vorgesehenen Landebahn getragen. An einigen Stellen musste der Mutterboden bis zu einem Meter tief abgetragen und beiseitegeschafft werden. Einige Felsbrocken waren zu schwer, um transportiert zu werden, so wurde auf ihnen Feuer angezündet, um sie durch die Temperaturunterschiede zu sprengen.

Jeden Tag wurde vom frühen Morgen bis zum Abend gearbeitet. Allmählich verwandelte sich das zerfurchte Gelände in eine lange, glatte Landebahn. In weniger als zwei Monaten war die Landebahn in »Hetigema« bereit, ihr erstes Flugzeug zu empfangen. Im Juli 1955 konnten die Kinder und ich wieder zu Lloyd zurückkehren. Ich war glücklich, wieder bei meinem Mann und zu Hause im Baliem-Tal sein zu können.

Das Leben normalisierte sich wieder. Einige Monate lang waren die Dani-Stämme friedlich und freundlich. Unsere Furcht schwand, und wir waren fest davon überzeugt, dass unsere Freundschaft mit den Leuten in »Hetigema« uns den Weg bahnen würde, das Evangelium auch anderen Dani-Stämmen zu bringen.

Doch eines Nachmittags hatte es plötzlich den Anschein, als ob mein Dienst im Tal bald zu Ende gehen würde. Ich wurde sehr krank. Meine Temperatur stieg auf über 40° C, und ich hatte im Unterbauch furchtbare Schmerzen. Wir versuchten Sentani per Funk zu erreichen, doch es gab zu viele statische Geräusche, und wir konnten keinen Funkkontakt herstellen. Das bedeutete: keine Hilfe von auswärts, kein Flugzeug, das mich zu einem Arzt bringen konnte.

Lloyd, Burney und Darlene beteten vor meiner Zimmertür. Sie wollten den Kontakt vermeiden, falls meine Krankheit ansteckend war. Doch einen kurzen Augenblick kniete Darlene neben meinem Bett und bat Gott, das Leben ihrer Mutter zu schonen.

Ich glaubte, ich würde sterben. Obgleich ich den Tod nicht fürchtete, war mir der Gedanke an eine Verbrennung zuwider. Die Dani-Kultur forderte, dass Leichname verbrannt wurden. So bat ich Lloyd, mir zu versprechen, dass wenn ich sterben sollte, er mich begraben würde. Er versicherte mir, dass mein Wunsch erfüllt werden würde, und ich wählte auch die Stelle für meine Beerdigung aus: einen Erdhügel neben einem Baum direkt hinter unserem Lager. Holz für einen Sarg gab es nicht. So überlegte er, welchen Teil des Hauses er niederreißen würde, um einen zu zimmern. Nachdem dies erledigt war, wartete ich auf meinen Heimgang.

Lloyd und ich hielten uns nicht für heldenhaft. Wir hatten beide einige Male dem Tod ins Auge geschaut – ich durch meine Krankheit und er durch die Angriffe feindlich gesinnter Dani. Doch wir waren davon überzeugt, dass es einen Preis kosten würde, das Evangelium ins Baliem-Tal zu bringen, und wenn der Tod ein Teil dieses Preises war, dann sollte es so sein.

Lloyd schickte Elisa zu Dr. Bromley, um zu sehen, ob er irgendetwas vorrätig hatte, was helfen könnte. Um Mitternacht betete Lloyd wieder zu Gott um Weisheit, wie er mich behandeln sollte. Dabei kam ihm der Gedanke, heiße Handtücher auf meinen Unterleib zu legen, und in Ermangelung irgendeines anderen Mittels tat er das auch und wartete.

Später kehrte Elisa mit der Nachricht von Dr. Bromley zurück, dass er keine Medizin habe, doch schickte er einige Papiere mit, auf denen für die verschiedensten Gebrechen und Krankheiten Heilvorschriften standen. Zu Lloyds Überraschung stand auf einem Blatt Folgendes: »Ist die Krankheit Hepatitis, so ist es schwer, sie im ersten Stadium zu diagnostizieren. Die Haut wird erst einige Tage später gelb. Ist der Schmerz im Unterbauch sehr intensiv, lege man heiße, trockene Handtücher auf die Stelle, bis Linderung eintritt.«

Mit jedem Tag wurde ich schwächer. Sechs Tage lang hatten wir keinen Funkkontakt zur Außenwelt gehabt. Eines Morgens hörten wir das Motorengeräusch eines Flugzeugs in der Ferne, doch der Pilot landete nicht sofort. Er war angewiesen worden, über dem Lager zu kreisen. Wenn niemand herauskäme, um zu winken, konnte er annehmen, dass wir ermordet worden waren. Als er dann Lebenszeichen sah, landete er.

Lloyd machte eine Tragbahre, und mit Elisas Hilfe trug er mich zum Landeplatz. Burney und Darlene waren nicht aufzufinden, als ich fortgetragen wurde, und so konnte ich ihnen nicht einmal Lebewohl sagen. Nachdem ich fort war, fand Lloyd sie hinter einer Steinmauer im Gebet für ihre Mutter.

Acht Wochen vergingen, während ich in Hollandia gesund wurde. Als ich ins Tal zurückkehrte, war Häuptling Ukumhearik bei meiner Ankunft zugegen. Er stieß Lloyd beiseite und nahm mich richtig in den Arm. Als ich fort war, hatte er Lloyds Schreibmaschine benutzt und gleich mit der ganzen Hand auf die Tastatur geschlagen, um mir eine Nachricht zu schicken. Obgleich das Stück Papier, das er mit Lloyds Brief mitgeschickt hatte, nichts als Unleserliches enthielt, wollte er wissen, ob ich seine Nachricht verstanden habe. »Natürlich habe ich verstanden«, versicherte ich ihm. »Du wolltest, dass Mama Van Stone wieder gesund wird.«

»Genau! Genau! Du hast es verstanden!«, rief er strahlend und grinste von einem Ohr zum anderen.

Wiederholt dankte ich unserem Herrn, dass Lloyd mich nicht auf dem Hügel hinter unserem Lager beerdigen musste.

Nachdem unser erster Dienstabschnitt abgelaufen war, kehrten wir für einen Heimaturlaub in die USA zurück. Die Gemeinden, die uns unterstützt hatten, hießen uns herzlich willkommen. Lloyd wurde von Lowell Thomas interviewt und hielt unzählige Vorträge. Wir waren dankbar, dass Gott uns das Vorrecht gegeben hatte, in eine der primitivsten Kulturen der Erde vorzustoßen.

Mutter, was ist ein Denkmal?

Inzwischen schrieb man das Jahr 1959. Zwei Jahre waren vergangen, seitdem wir unseren Heimaturlaub genommen hatten. Wir waren sieben Jahre in Neuguinea gewesen. Fünf davon hatten wir bei den Dani verbracht. Der hervorragende Sprachforscher Myron Bromley hatte große Fortschritte im Verständnis der Dani-Sprache und -Kultur gemacht. Andere Missionare hatten sich zu uns gesellt. Wir nahmen an, wir würden noch jahrelang dort arbeiten.

Doch eines Morgens erreichte uns eine dringende Nachricht. Das Hauptbüro in Sentani funkte: »Lloyd, begib dich sofort zur Landebahn. Der Pilot hat eine Nachricht für dich.«

Burney und Darlene waren in der neuen Missionsschule, die in Sentani eingerichtet worden war. Die Nachricht musste von ihnen sein. Da alle Funksprüche abgehört wurden, hatte es sich eingebürgert, keine schlechten Nachrichten über Funk zu vermitteln. So konnten wir nur noch warten. »O Gott, was ist passiert?«

Lloyd und ich warteten ängstlich und besorgt an der Landebahn. Sobald das Flugzeug landete und auf uns zurollte, rief der Pilot aus dem Fenster: »Es ist Burney!« Das Heulen der Flugzeugmotoren erstarb. »Burney ist verschwunden. Darlene weiß nicht, wo er ist. Er ist weggelaufen.«

Wir erstarrten. Lloyds Knie wurden weich. Er hielt sich am Flugzeug fest, um sich aufrecht zu halten. Entsetzliche Gedanken überfielen uns. Burney? Weggelaufen? Die Schule in Sentani war in der Nähe eines verwilderten, ungerodeten Gebiets. Die Pfade waren gefährlich, und im Unterholz waren oft Schlangen gesichtet worden. Was konnte einen neunjährigen Jungen dazu veranlassen, abends wegzulaufen? Wo konnte er sein? Burney hatte Angst vor der Dunkelheit. Ja, er ging noch nicht einmal in ein dunkles Zimmer, ohne Darlene vor sich herzuschieben. Jahrelang dachte sie, es sei nur Höflichkeit.

Nach einem flüchtigen Kuss und einigen tröstenden Worten sprang Lloyd ins Flugzeug, um mit dem Piloten zurückzufliegen. Langsam ging ich zum Haus zurück und weinte laut. Wenige Augenblicke später kam Darlene Rose herüber, und gemeinsam schrien wir zu Gott um Hilfe. »O Herr, du weißt, wo Burney ist. Du musst helfen, ihn zu finden!«

Rückblickend hätten wir wissen müssen, dass Burney der Anspannung, seine Eltern zu verlassen, um in

Sentani die Schule zu besuchen, nicht gewachsen war. Er und Darlene hatten sich gut an das Leben im Baliem-Tal gewöhnt; sie lernten die Dani-Sprache, spielten mit den anderen Kindern und verstanden die seltsamen Sitten und Gebräuche der Eingeborenen. Mit neun Jahren kannte Burney auch bereits die Gefahren des Lebens im Tal. Er war bei uns gewesen, als Lloyd angegriffen worden war und unser Leben verschiedentlich in Gefahr stand. Er hatte uns sogar gesagt, dass wir, seine Eltern, nach seiner Ansicht im Baliem-Tal sterben würden. Oft hatte er seine Sorge um uns zum Ausdruck gebracht.

In den ersten Jahren unseres Aufenthalts im Tal hatte ich beide Kinder selbst unterrichtet. Doch als wir nach unserem ersten Heimaturlaub zurückkehrten, ließen wir den neunjährigen Burney und die achtjährige Darlene in der Missionsschule in Sentani. Von Anfang an hatte Burney sich dagegen gewehrt. Er hatte geschworen, uns niemals zu verlassen. Als wir ihn zwangen, in der Schule zu bleiben, war er außer sich. Seine Besorgnis um unsere Sicherheit hatte sich in quälende Angst verwandelt, eine schreckliche Belastung für einen neunjährigen Jungen.

Aus unserer Sicht blieb uns jedoch keine andere Wahl. Als wir dem Ruf als Missionare gefolgt waren, wussten wir, dass dieser Schritt mit Opfern verbunden sein würde. Wir glaubten auch, dass wir der Missionsgesellschaft gegenüber zu völligem Gehorsam verpflichtet waren. Das bedeutete unter anderem, dass Burney und Darlene 280 Kilometer von zu Hause entfernt zur Schule gehen mussten, sonst müssten wir nach Amerika zurückkehren.

Jetzt schlichen die Stunden dahin, während Darlene und ich auf eine Nachricht von der Küste warteten. Immer wieder stellte ich mir in Gedanken das Schrecklichste vor: Vielleicht wurde Burney gar nicht gefunden, oder wenn man ihn fand, wäre er vielleicht tot. »O Herr, du kannst doch nicht …«

Endlich, kurz vor Mittag, kam Lloyds Stimme über Funk: »Doris, Burney ist gefunden worden – es geht ihm gut – ich werde alles später erklären.«

Später an jenem Nachmittag kehrte Lloyd mit Burney und Darlene ins Tal zurück. An der Landebahn umarmten wir uns und weinten vor Freude, dass Gott uns wieder zusammengeführt hatte. Nach und nach erfuhren wir, was geschehen war. Am Abend zuvor war Burney, nachdem das Licht ausgemacht worden war, ins Zimmer seiner Schwester geschlichen.

»Darlene, ich muss zu den Eltern ins Tal. Sie brauchen mich – ich laufe einfach weg!«

»Burney, das darfst du nicht!«

»Ich muss. Ich verstehe die Sprache, und wenn die Dani einen Angriff planen, könnte ich Vater und Mutter retten. Siehst du das denn nicht ein? Darlene, bitte versprich, es niemandem zu sagen. Bitte?«

»Ich verspreche es.«

Sie hielt ihr Wort. Burney schlüpfte aus dem Haus, in dem sie untergebracht waren, und schlich über den dunklen Pfad zu dem offenen Hangar, wo die Flugzeuge standen.

In kindlicher Fantasie hatte er sich seine Flucht ins Tal ausgedacht: Er würde sich im Flugzeug verstecken, und wenn der Pilot seinen nächsten Flug machte, würde Burney wieder bei den Eltern im Tal landen! Er hatte sogar zwei Anzüge übereinander an; er wusste, dass er einige Sachen brauchen würde, doch konnte er keinen Koffer mitnehmen.

Im Hangar tastete er sich zum Flugzeug, doch zu seiner großen Enttäuschung war die Tür verschlossen. So beschloss er, sich einen Schlafplatz zu suchen, und morgen früh, wenn das Flugzeug beladen wurde, würde er sich hineinschleichen. Mithilfe einer an die Wand gelehnten Leiter kletterte er auf eine Plattform, die ein Büro innerhalb des Hangars darstellte. Hinter Gerümpel und abgestellten Sachen versteckte er sich und fiel in Schlaf.

Es wurde Morgen, doch Burney schlief weiter. Weder das Beladen des Flugzeugs noch das Getöse der Motoren weckte ihn auf. Doch als Lloyd um 11 Uhr in Sentani ankam, stand Burney mit Jerry Rose neben dem Hangar.

Die Lehrer in der Schule schlugen vor, Burney und Darlene sollten eine Woche bei uns im Tal bleiben. Vielleicht würde sich Burney dann an den Gedanken gewöhnen, die Schule, die so weit von zu Hause entfernt war, zu besuchen. Doch am Ende der Woche fragte Burney wieder: »Muss ich wirklich zurück?«

»Wenn du nicht zurückgehst, können wir nicht auf dem Missionsfeld bleiben«, erwiderte ich, indem ich mich bemühte, meinen tiefen Schmerz zu verbergen. »Herr, gib uns Weisheit darüber, was wir tun sollen!«, betete ich im Herzen. Schließlich schlug ich vor: »Komm, wir beten und bitten Gott, uns zu zeigen, was er will.«

Am nächsten Morgen kam Darlene aus ihrem Zimmer mit fertig gepacktem Koffer und gekämmtem Haar. »Wozu hast du dich entschlossen?«, fragte ich.

»Ich gehe zurück, Mutti«, erwiderte sie. »Aber warum verlangt Jesus etwas so Schweres von uns?«

Ich konnte meiner Tochter keine Antwort geben. Die Tränen kamen mir, und ich weinte bitterlich. »Ich weiß es nicht. Er möchte es einfach«, war alles, was ich sagen konnte.

Burney hatte seinen Entschluss jedoch nicht geändert. Er weigerte sich hartnäckig, zur Schule zurückzukehren.

Schweren Herzens zwangen Lloyd und ich ihn schließlich dazu.

»Burney«, versuchte ich ihm zu erklären, »manchmal müssen wir Dinge tun, ohne zu verstehen, warum. Mutti und Vati müssen dich zur Schule schicken, sonst können wir nicht hierbleiben. Wir haben dich unwahrscheinlich lieb, Burney, und wann immer du uns brauchst, werden wir zu dir kommen.«

Burney klammerte sich noch immer verzweifelt an mich. Ich musste ihn mit Gewalt von mir reißen. Mir war, als würde ein Teil meines Lebens von mir weggerissen. Lloyd und ich wussten, dass eine solche Entscheidung durch nichts zu rechtfertigen war. Wie konnten wir uns von unseren Kindern trennen, wenn sie uns am nötigsten brauchten? Wie konnten wir von ihnen verlangen, die Trennung auf sich zu nehmen, wenn sie wussten, dass unser Leben in Gefahr war? Sicherlich würde Gott das nicht von uns verlangen.

Und doch – paradoxerweise – waren wir davon überzeugt, dass Gott uns ins Baliem-Tal gerufen hatte. Sein Wille war unmissverständlich. Schließlich standen wir vor der Wahl: Entweder würden unsere Kinder zur Missionsschule nach Sentani gehen, oder wir mussten nach Amerika zurückkehren. »O Gott, wie kannst du von uns erwarten, eine solche Entscheidung zu treffen? Dein Wille widerspricht sich doch nicht?«

Die Kinder wurden nach Sentani zurückgeflogen und gingen wieder zur Schule. Doch Burney lebte sich nicht ein. Er aß nichts, machte keine Hausaufgaben und weigerte sich sogar zu sprechen. Wir beschlossen, dass ich nach Sentani fliegen sollte, um einige Tage bei ihm zu sein. Als ich ankam, hatte er zwei Tage lang geschluchzt.

»Burney, sag mir einfach, warum du weggelaufen bist. Ich werde dich nicht hauen – sag es Mutti!«

»Nein – nein«, schluchzte er, indem er sich auf das Bett warf – zu schwach, um zu sprechen. Am nächsten Tag verweigerte er wieder die Nahrung, und sein Schluchzen wurde zu einem schwachen Stöhnen. Er sagte mir nicht, warum er weggelaufen war oder was ihn sonst bedrückte. Am dritten Tag war ich verzweifelt. Wenn er nicht anfangen würde, zu reden und zu essen, würden wir sofort in die Vereinigten Staaten zurückkehren müssen. Gebrochenen Herzens weinte und betete ich und fragte mich, wie dieser Albtraum wohl enden würde. An jenem Nachmittag fing Burney zu sprechen an. »Mutti, i-ich möch-te mit d-dir reden«, stammelte er. Ich setzte mich zu ihm aufs Bett und legte meinen Arm um ihn.

»Mutti, w-was ist ein Denkmal oder G-Gedenkstein?«, fragte er.

»Ein Denkmal setzt man jemandem, der gestorben ist, damit man ihn nicht vergisst«, erklärte ich.

»Mut-ti, und das ist al-les, was Darlene u-und ich bekommen werden, wenn ich nicht mit euch ins Tal zurückgehen kann.« Er warf sich auf meinen Schoß und schluchzte hysterisch. »Bitte, bit-te, zwin-ge m-mich nicht, dich jemals zu verlassen. Ich wer-de al-les tun, was du willst. Nur schicke mich nie wie-der fort!«

Mit einem Mal wurde mir alles klar. Burney war genauso zumute wie mir, als ich damals im Waisenhaus allein gelassen wurde – von jedermann verlassen und verstoßen. Ich konnte mein Kind nicht dazu zwingen, so etwas durchzumachen.

»Burney«, versicherte ich ihm, »Mutti verspricht dir: Niemals werden wir dich zwingen, uns zu verlassen – niemals.«

Ein Vorfall während unseres Heimaturlaubs erklärte Burneys Frage an mich. Er hatte einen Hund mit Namen Blondie gehabt. Eines Tages lief der Hund auf die Straße und wurde von einem Auto überfahren. Burneys Großvater begrub den Hund im Garten, und mein Sohn legte ein kleines Stöckchen auf das Grab. Es war ein Gedenkstein für seinen Liebling. Er dachte nun, dies sei alles, was von seinen Eltern übrig bleiben würde, wenn er nicht mit ihnen ins Tal zurückkehrte.

Nach meinem Versprechen, ihn nie zu verlassen, erholte sich Burney von seiner Angst. Es gab keine freie Stelle für uns in Sentani. Deshalb trafen Lloyd und ich Vorbereitungen für die Rückkehr nach Amerika.

Von ganzem Herzen sehnte ich mich danach, die Dani für Jesus zu gewinnen. Doch meine erste Pflicht war, Burney und Darlene zu gewinnen. Gott hatte uns als Pioniere im Baliem-Tal gebraucht. Andere würden die Ernte einbringen. Doch wir mussten zuerst bei unserem Sohn und unserer Tochter die Ernte einbringen.

Ein weiteres ernstes Problem war aufgetaucht und hatte ein besorgniserregendes Stadium erreicht, sodass wir es nicht weiter ignorieren konnten: meine Gesundheit. Ich war auf weniger als 90 Pfund abgemagert und fühlte mich schwach und erschöpft. Der Arzt sagte mir, dass ich im Baliem-Tal beerdigt werden würde, wenn ich nicht bald in gute ärztliche Behandlung käme.

So mussten wir uns schweren Herzens mit der Tatsache abfinden, dass unsere Tage im Baliem-Tal gezählt waren. Ungelöste Konflikte und widersprüchliche Empfindungen belasteten uns. Gott hatte uns gerufen, und jetzt mussten wir zurückkehren. Darlenes Frage beschäftigte mich oft: »Warum verlangt Jesus etwas so Schweres von uns?«

Abschied vom Tal

Unser Abreisetag war herangerückt. Wir kämpften mit widerstreitenden Gefühlen. Unsere Herzen waren in Neuguinea, wohin Gott uns berufen hatte; doch unsere uns von Gott aufgetragene elterliche Pflicht und mein schlechter Gesundheitszustand zwangen uns, in unsere Heimat zurückzukehren.

Wir hatten in einer neuen Missionsstation am äußersten Ende des Tals gewohnt, als der Tag unserer Abreise kam. Als wir ausgeflogen wurden, hatte der Pilot uns versprochen, dass er auf der Landebahn in »Hetigema« landen würde, wo wir vor einigen Jahren geholfen hatten, die Missionsstation zu errichten. Dort hatten wir als Familie gelebt und gearbeitet. Für uns war es ein Heimkommen.

Stunden zuvor hatte der Pilot »Hetigema« per Funk verständigt, dass wir dort kurz zwischenlanden würden. Die Nachricht von unserem Kommen verbreitete sich. Als das Flugzeug landete, war niemand zu unserer Begrüßung erschienen als Yamake, der Bruder des Häuptlings. Er erzählte uns, dass sich alle im Dorf versammelt hätten. Schweine waren geschlachtet worden – man plante ein Fest für uns! Die Leute meinten, wir könnten einige Stunden bei ihnen bleiben. Wir waren von ihrer Freundlichkeit überwältigt, mussten jedoch ihre Gastfreundschaft ablehnen. Der Pilot bestand darauf, dass wir nicht länger bleiben konnten; wir mussten tatsächlich sofort wieder abfliegen.

Yamake umarmte uns. Er bedauerte es tief, dass wir wegmussten. Dann fügte er hinzu: »Van Stone, wir verstehen nichts von alledem, was du uns erzählst. Doch wenn wir es jemals verstehen, werden wir dich benachrichtigen!« Und damit verschwand er.

Der Pilot umkreiste noch einmal das Lager und gestattete uns damit einen letzten Blick auf das Dorf. Burney stellte uns die gleiche Frage, die Darlene schon früher gestellt hatte: »Mami, warum verlangt Jesus etwas so Schweres von uns?« Wir hatten unser Leben für diese Menschen gegeben, und doch hatten Lloyd und ich nicht das Vorrecht gehabt, auch nur einen Dani zu Jesus Christus zu führen. Wir waren nur Pioniere gewesen und hatten dazu beigetragen, die Tür zu öffnen, damit andere eintreten konnten.

In den Vereinigten Staaten ließen wir uns wieder in Houston, Texas, nieder. Als sich mein Gesundheitszustand besserte, besuchten wir die Gemeinden, die uns unterstützt hatten. Wir dankten den Geschwistern für ihre Gebete und finanziellen Gaben. Wir stellten fest, dass einige Gläubige nicht verstehen konnten, warum wir vom Missionsfeld zurückgekehrt waren. Eine Frau kam nach einer Veranstaltung auf uns zu und sagte: »Ihr habt uns enttäuscht. Warum habt ihr Gott nicht vertraut, dass er euch da draußen heilen würde? Er hätte sicherlich euch und eure Kinder durchgetragen!«

Ich stand im Vorraum der Gemeinde und weinte. Für manche vermittelt Missionsarbeit einen Hauch von Abenteuer und Heldentum. Wenn man dann gezwungen ist, aus persönlichen Gründen oder durch widrige Umstände nach Hause zurückzukehren, können es viele nicht verstehen. »Herr, hilf mir, daran zu denken, dass ich dir gegenüber verantwortlich bin und nicht den Menschen gegenüber.«

Es gab jedoch auch manches Ermutigende. Gott hatte einen Plan für unser Leben in den Vereinigten Staaten. Er öffnete uns die Türen zu einem neuen Dienst, nämlich andere zur Missionsarbeit aufzurufen.

Eine Frau, deren Zeugnis in der Zeitschrift POWER erschien, wurde durch Lloyds Predigt zum Herrn geführt.

Auszugsweise schrieb sie: »Häuptling Ukumhearik hatte einst seine Stammesbrüder daran gehindert, Lloyd Van Stone zu ermorden. Gott verschonte ihn, damit ich die Möglichkeit hätte, die Wahrheit über Jesu Opfer für meine Sünden zu hören. Es war, als hätte ein Pfeil vom Baliem-Tal mein Herz durchdrungen. Aber dadurch hat der Heiland mich gesund gemacht.«

Ja, Gott konnte uns auch in den Vereinigten Staaten gebrauchen.

Als wir keine Missionsgelder mehr von der Missionsgesellschaft erhielten, nahm Lloyd eine Stelle bei der Ford Motor Company in Houston an. Dort arbeitete er einige Jahre. An den Wochenenden predigte er in verschiedenen Gemeinden.

1965 führte Gott uns in den vollzeitlichen Predigtdienst zurück. Obwohl wir ganz von unserer Aufgabe in Anspruch genommen wurden, verfolgten wir die Entwicklung im Baliem-Tal mit größtem Interesse. Sprachforscher waren ins Tal gekommen, und es war ihnen gelungen, die Sprache zu analysieren und die Bedeutung der Dani-Kultur zu erfassen. Das Evangelium wurde klar und mächtig bezeugt.

Während wir im Tal lebten, hatte unser Sohn Burney regelmäßig für seinen Spielkameraden Agalawe gebetet, dass er Jesus Christus als seinen Heiland annehmen würde. 1962, als wir drei Jahre in den Vereinigten Staaten gelebt hatten, überbrachten Ben und Ruth Karcesky, die Missionare im Baliem-Tal waren, Burney eine Nachricht. Eines Tages hatte Agalawe Ben gebeten, sich zu ihm herunterzubeugen, damit er ihm etwas ins Ohr flüstern konnte. »Sag Mama und Tuan Van Stone, dass wir anfangen zu glauben«, sagte er. Soweit wir wissen, war Agalawe der erste Dani im Baliem-Tal, der Jesus Christus annahm!

Yamake, der uns an der Landebahn so traurig Lebewohl gesagt hatte, ist heute ebenfalls ein gläubiger Christ.

1975 besuchten die Roses das Tal, und einige Leute, die sich noch an uns erinnern konnten, erkundigten sich nach unserem Wohlergehen. »Wie kommt es, dass ihr euch noch an sie erinnert?«, fragte Darlene.

»Weil sie uns von Jesus Christus erzählt haben, wie ihr auch«, lautete ihre Antwort.

Im September 1976 erhielten wir einen Brief von einem Mann im Baliem-Tal, der sich bei uns dafür bedanken wollte, dass wir vor vielen Jahren gekommen waren, um ihn zu besuchen. Hier ist ein Satz aus diesem Brief, über den wir uns besonders freuten: »Ich möchte euch nur mitteilen, dass wir jetzt eins sind in Jesus Christus.«

Dass Gott uns das Vorrecht gab, Pioniermissionare auf Neuguinea zu sein, ist uns eine unaussprechliche Ehre. Was auch immer wir vollbracht haben, ist zu seiner Ehre. Wir haben die Last für die Menschen aus dem Baliem-Tal nie verloren, sondern haben diese Last an andere weitergegeben. Vor Kurzem fragte uns jemand bei einer Missionskonferenz: »Seit wann seid ihr von Neuguinea zurück?«

»Ungefähr fünfzehn Jahre«, erwiderte ich.

»Kaum zu glauben! Ihr redet so, als ob ihr mit dem letzten Flugzeug von dort zurückgekehrt wärt!«, sagte der Betreffende überrascht.

Ob wir uns in Denver, Minneapolis oder Chicago aufhalten: Das Baliem-Tal ist uns immer im Herzen und im

Sinn. Wir beten ständig: »Herr, erhalte das Feuer in unseren Herzen! Erhalte den Ruf nach Neuguinea in uns lebendig, damit wir ihn an andere weitergeben können.«

Ein Ereignis könnte für uns nicht schnell genug eintreten, nämlich unsere Wiedervereinigung mit gläubigen Dani am Thron der Gnade bei unserem Herrn Jesus im Himmel. Wir sind eins mit allen Missionaren im Baliem-Tal, die auf den Tag warten, da die Schrift erfüllt sein wird:

»Nach diesem sah ich: Und siehe, eine große Volksmenge, die niemand zählen konnte, aus jeder Nation und aus Stämmen und Völkern und Sprachen, und sie standen vor dem Thron und vor dem Lamm, bekleidet mit weißen Gewändern, und Palmen waren in ihren Händen. Und sie rufen mit lauter Stimme und sagen: Das Heil sei unserem Gott, der auf dem Thron sitzt, und dem Lamm!« (Offenbarung 7,9-10)

Heilen, die zerbrochenen Herzens sind

Ich war eingeladen worden, in einer Frauengruppe eines vornehmen Klubs Lichtbilder von unserer Missionsarbeit im Baliem-Tal zu zeigen und darüber zu berichten. Eine Frau unter den Zuhörerinnen lehnte sich vor und flüsterte einer anderen zu: »Was ist das für eine Frau – was hat sie gemacht?«

»Och, sie ist Missionarin gewesen.«

»Missionarin? Ist das alles?« Damit hatte die Frau beschlossen, das Weite zu suchen. Doch der Raum war so überfüllt, dass sie nicht zur Tür gelangen konnte. Sie war gefangen! Ob sie wollte oder nicht: Sie musste wohl oder übel einer Missionarin zuhören.

Nach den Lichtbildern wurde ich gebeten, kurz zu erzählen, wie es dazu kam, dass ich Missionarin wurde. Die Frau, die fortgehen wollte, hörte meine Geschichte. Nach der Veranstaltung kam sie auf mich zu und wollte mich sprechen. Sie war niedergeschlagen, depressiv und frustriert. Innerhalb weniger Minuten war sie bereit, Jesus Christus als ihren Heiland anzunehmen und ihm eine Chance in ihrem Leben zu geben. Heute ist sie dankbar, dass sie den Saal nicht verlassen konnte, als sie es wollte!

Solche Erlebnisse ermutigen mich. Könnte es sein – da unsere Missionsarbeit in Neuguinea ein so plötzliches Ende genommen hat –, dass Gott uns vielleicht hier in den Vereinigten Staaten gebrauchen will? Lloyd und ich hatten uns bereit erklärt, junge Menschen zum Dienst auf dem Missionsfeld aufzurufen.

Fast immer, wenn ich meine Geschichte erzähle, kommt anschließend jemand zu mir und spricht mich an. »Dorie, ich weiß, was du durchgemacht hast. Meine Eltern haben mich auch gehasst.« Dann bekomme ich meistens eine Geschichte von Kindesmisshandlung, Verstoßung oder einer schweren Kindheit im Waisenhaus zu hören.

Manche Berichte sind so erschütternd, dass meine Kindheit und Jugend im Vergleich zu dem, was diese Menschen durchstehen mussten, noch als relativ glücklich erscheint. Unzählige haben mir erzählt, dass sie völlig verbittert seien, weil ihre Eltern sich scheiden ließen. Oft werden Kinder bei Verwandten aufgeteilt, als »Pfand« in einem bitteren Ehekrieg benutzt oder auf andere Weise misshandelt.

Wiederholt hat Gott mir gezeigt, dass meine Lebenserfahrungen dazu dienen sollen, anderen zu helfen, ihre schwere Kindheit aufzuarbeiten. Es ist so, wie Paulus schrieb, dass der »Gott allen Trostes … uns tröstet in all unserer Bedrängnis, damit wir die trösten können, die in allerlei Bedrängnis sind, durch den Trost, mit dem wir selbst von Gott getröstet werden« (2. Korinther 1,3-4). Ich habe oft gesagt, dass ein wehes Herz das Weh eines anderen Herzens versteht. Durch meine turbulente Kindheit kann ich anderen versichern: »Ich weiß, wie Ihnen zumute ist.«

Die Begegnung mit so vielen Menschen bestärkte mich in der Überzeugung, dass die Ausgangsbasis für die Heilung eines zerbrochenen Lebens ein persönliches Verhältnis zu Jesus Christus ist. Nachdem ich einmal mein Zeugnis in einer Frauenversammlung gegeben hatte, lud mich eine Frau zu sich nach Hause ein. Sie trug ein elegantes Kleid und kostbaren Schmuck, der überall an ihr glitzerte – Ketten, Armbänder und einige Brillantringe. Ich betrat ihr luxuriöses Haus und setzte mich mit ihr auf ein elegantes Sofa. Sie begann zu weinen. »Dorie, mein Mann ist ein bekannter Unternehmer; jetzt hat er ein Verhältnis mit einer anderen Frau. Ich bin nur noch ein Nervenbündel. Ich bin bei Ärzten und Psychiatern gewesen und muss jetzt vierundzwanzig Stunden täglich Beruhigungstabletten nehmen. Was soll ich nur tun?«

»Haben Sie es schon einmal mit Jesus versucht?«

»Nein.«

Ich erklärte ihr einfach das Evangelium: Christus starb, um uns zu erlösen, und er ist Spezialist im Heilen zerbrochener Herzen.

Einige Augenblicke später traf sie die gleiche Entscheidung wie ich damals im Waisenhaus. Sie nahm Gottes Vergebung an und lieferte sich Jesus Christus rückhaltlos aus.

Eines Tages kam sie vorbei, um mich zu besuchen. »Dorie, ich bin völlig gebrochen. Mein Mann hat mich wegen der anderen Frau verlassen – aber mit Jesus Christus werde ich es schaffen.« Mit Christus können Menschen, die in einem Netz von Verbitterung und Zurückweisung gefangen sind, es schaffen! Eine meiner Lieblingsstellen der Heiligen Schrift steht im Lukas-Evangelium. Jesus Christus nahm die Schriftrolle und las einen Abschnitt aus dem Propheten Jesaja: »Der Geist des Herrn ist auf mir, weil er mich gesalbt hat, Armen gute Botschaft zu verkündigen; er hat mich gesandt, Gefangenen Befreiung auszurufen und Blinden das Augenlicht, Zerschlagene in Freiheit hinzusenden« (Lukas 4,18).

Ich glaube felsenfest, dass Gott uns nie mehr auferlegt, als wir tragen können. Manche Menschen haben zu mir gesagt: »Dorie, wenn du meine Vergangenheit kenntest …« Die Worte der Heiligen Schrift in 1. Korinther 10,13 beeindrucken mich zutiefst: »Keine Versuchung hat euch ergriffen als nur eine menschliche; Gott aber ist treu, der nicht zulassen wird, dass ihr über euer Vermögen versucht werdet, sondern mit der Versuchung auch den Ausgang schaffen wird, sodass ihr sie ertragen könnt.« Es gibt keine Not und kein Herzeleid, das andere nicht schon ertragen hätten. Diese Tatsache kann tröstlich sein. Keine menschliche Situation ist gänzlich neuartig; niemand kann sagen: »Ich bin allein in meinem Schmerz. Ein solches Leid hat noch niemand vor mir durchgemacht.« Jesus Christus, der große Arzt, hat schon unzählige Menschen behandelt, deren Probleme schwerwiegender waren als deine oder meine.

Der nächste Schritt zur Heilung eines kaputten Lebens ist, denjenigen zu vergeben, die uns Böses zugefügt haben. Eine Frage, die mir immer wieder gestellt wird, ist: »Dorie, bist du gegen deine Mutter nicht verbittert?« Meine Antwort ist: »Nein.« Als Kind im Waisenhaus und in den schweren Jahren, die darauf folgten, hatte ich Zeiten erlebt, in denen ich verbittert war. Doch ich beschloss, ja, ich entschied mich dafür, meiner Mutter zu vergeben, obgleich ich wusste, dass sie mir nicht entgegenkommen würde.

Vielleicht ist der größte Fehler derer, die verbittert sind, dass sie glauben, sie könnten nicht vergeben, weil ihnen nicht danach zumute ist. Doch Vergebung ist kein Gefühl. Man kann sich entschließen zu vergeben – ob man sich danach fühlt oder nicht. Viele von uns müssen ihre Gefühle unterdrücken, ihre natürlichen Neigungen verleugnen und fest erklären: »Ich vergebe.« Wohl dem Menschen, der vergeben kann!

Des Weiteren erkenne ich rückblickend, dass meine Mutter wahrscheinlich das Opfer von Umständen in ihrem Leben wurde, denen sie hilflos ausgeliefert war. Ich weiß nichts von ihrer Vergangenheit. Vielleicht stammte sie aus einer unglücklichen Familie; es kann ja sein, dass sie von ihren Eltern verstoßen wurde. Verstoßensein gebiert Verstoßen. Wer misshandelt wurde, misshandelt oft seine eigenen Kinder.

Natürlich muss es nicht so sein. Ich will nicht sagen, dass meine Mutter für ihre Handlungsweise nicht verantwortlich war. Doch ohne Christus, ohne jedes Verständnis für ihr Bedürfnis nach göttlicher Hilfe, war sie das Opfer ihres Hasses, ihrer Verbitterung und ihres Schuldgefühls.

Menschen können verheiratet sein und unter dem gleichen Dach zusammenleben, ohne zu wissen, welchen seelischen Belastungen der Partner ausgesetzt ist.

Soviel ich weiß, musste meine Mutter eine Pein durchleben, eine Qual, aus der sie keinen Ausweg fand. Dieser Gedanke machte es einfacher für mich, ihr zu vergeben.

Hat sich ein Mensch entschieden, denen zu vergeben, die ihm Böses angetan haben, dann ist der nächste Schritt zur inneren Heilung, Gott zu preisen. Die Betreuerin der Studentinnen einer Bibelschule klopfte bei einer Frauenfreizeit an meine Tür. »Dorie, meine Mutter wollte mich nicht haben – niemand liebt mich. Doch jetzt bin ich dafür verantwortlich, 120 Mädchen seelsorgerlich zu betreuen. Dabei bin ich selbst verbittert, einsam und depressiv.« Sie erzählte, dass sie Übergewicht habe und nicht wisse, wie sie dieses Problem in den Griff bekommen könnte.

Als sie ausgeredet hatte, versicherte ich ihr, dass ich genau wüsste, wie ihr zumute sei. Nachdem sie mir ihre Frustration mitgeteilt hatte, begann die Depression, unter der sie all die Jahre heimlich gelitten hatte, zu weichen. Ich schlug vor, dass wir gemeinsam all die guten Dinge aufschreiben sollten, die Gott in ihrem Leben getan hatte. Sie erzählte, wie sie unter vielen Bewerberinnen für ihr Amt ausgewählt worden war. Sie sprach davon, wie Gott ihr in seiner Güte Fähigkeiten und Gelegenheiten zum Dienst geschenkt hatte. Bevor wir uns trennten, forderte ich sie auf, eine Liste all dieser guten Dinge, die sie von Gott empfangen hatte, aufzustellen. Und dann sollte sie Gott für jeden Punkt danken.

Am nächsten Morgen kam ich zur Abschlussveranstaltung ins Auditorium. Zu meiner Freude wurde die Studenten-Betreuerin aufgerufen, ein Lied zu singen. Bevor sie sang, richtete sie folgende Worte an die Frauen: »Ich bin schon zu vielen Frauentagungen gefahren, doch immer dachte ich, ich wüsste schon im Voraus, was gesagt werden würde. Das hatte ich alles schon so oft gehört. Am ersten Abend stand ich an der Tür, um zuzuhören; am zweiten saß ich in der hintersten Reihe, und am letzten Abend ging ich hin, um mit unserer Rednerin zu sprechen. Als ich in mein Zimmer zurückkam, begann ich Gott für all die guten Dinge zu danken, die er in meinem Leben getan hatte. Die Liste wurde so lang, dass ich zwei Stunden lang mit Gott redete und ihn lobte und ihm dankte. Heute geschah es zum ersten Mal seit drei Jahren, dass ich fröhlich aufstand!« Dann sang sie den Zuhörerinnen ein ergreifendes Lied über Gottes Liebe, eine Huldigung für den Herrn, ihren Gott.

Diese Frau musste einfach daran erinnert werden, dass es Gottes Wille für uns ist, ihm für alles zu danken. »Danksagt in allem, denn dies ist der Wille Gottes in Christus Jesus für euch« (1. Thessalonicher 5,18).

Der Lobpreis Gottes sollte nicht von unseren Gefühlen abhängig sein. Wir müssen es lernen, Gott bewusst und vorsätzlich zu preisen. Ein Rezept gegen Depression und Verbitterung ist, wenigstens drei Psalmen am Tag zu lesen. Lobpreis verdrängt düstere Gedanken und verscheucht Depressionen.

Gelegentlich sind adoptierte Kinder zu mir gekommen. »Dorie, du hast wenigstens gewusst, wer deine Mutter war; du bist deinem Vater begegnet. Doch ich muss mit dem Wissen leben, dass ich unerwünscht war. Meine Eltern sind irgendwo in der Welt, doch ich werde niemals erfahren, wer sie sind.«

Ob es schwerer ist, seinen Eltern niemals begegnet zu sein, oder sie zu kennen und von ihnen verstoßen worden zu sein, kann ich nicht sagen. Doch ich war so ein unerwünschtes Kind und wurde geboren, als meine Mutter 15 Jahre alt war. Ich war wahrscheinlich der Grund ihrer frühzeitigen Ehe. Doch ich habe Trost in der Gewissheit gefunden, dass Gott mich voll und ganz angenommen hat. Gottes große Liebe schließt jeden Menschen in seinen Plan ein. Das Kreuz Christi ist das sicherste Gegenmittel gegen jede Art menschlichen Elends. Jesus Christus kannte all die hässlichen, bösen Dinge des Lebens im Voraus. – Er wusste um die Geburt aller Menschen und schloss alle gleichermaßen in seinen Tod ein. Die Frage ist, ob wir auf seine Liebe reagieren. In der Bibel wurden sogar uneheliche Kinder wie Jephta von Gott gebraucht und in seinen Plan einbezogen (Richter 11,1).

Im Neuen Testament wurden diejenigen, die sich ihrer natürlichen Herkunft rühmten, von Christus verdammt. Die Juden waren stolz darauf, dass sie von Abraham abstammten und nicht unehelich geboren worden waren, und deuteten damit an, dass Jesus unehelich war (Johannes 8,41). Jesus ließ sich nicht von ihrer Abstammung beeindrucken und beschuldigte sie, von ihrem Vater, dem Teufel, zu kommen (Vers 44). Die Tatsache, dass sie wussten, wer ihr irdischer Vater war, bedeutete nichts; worauf es ankam, war die Identifizierung mit ihrem geistlichen Vater. Ich bin so froh darüber, dass wenn wir in eine menschliche Familie hineingeboren werden, die uns nicht will, wir in eine himmlische Familie hinein wiedergeboren werden können, die uns annimmt!

Diejenigen, die »aus gutem Hause« kommen, stehen in der Versuchung, auf ihre natürliche Abstammung stolz zu sein. Das Ergebnis ist, dass sie nicht sehen, wie sehr sie der Gnade Gottes bedürfen. Die Juden wussten, dass Abraham ihr Vater war, und verwarfen den Messias. Wie viel besser wäre es gewesen, wenn sie, wie die Samariterin, die nur ein Mischling war, nicht auf menschliches Verdienst gepocht hätten, sondern sich einzig und allein auf Jesus Christus und sein Opfer am Kreuz verlassen hätten!

Das Himmelreich ist bevölkert von Ausgestoßenen, Hilflosen und Unerwünschten. Wer sich keiner besonderen irdischen Herkunft rühmen kann, ist Gegenstand der Liebe Gottes. Wie David schrieb: »Ein Vater der Waisen und ein Richter der Witwen ist Gott in seiner heiligen Wohnung« (Psalm 68,6).

Denen, die seelische Kämpfe durchmachen, kann ich nicht genug empfehlen, täglich in der Heiligen Schrift zu lesen und so viele Verse wie möglich auswendig zu lernen. Eine Kinderpsychologin kam nach einer Veranstaltung, in der ich mein Zeugnis gegeben hatte, zu mir und sagte: »Dorie, es ist ein Wunder, dass Sie heute kein seelisches Wrack sind.« Dann machte sie eine Pause und fügte hinzu: »Ein Wunder der Gnade Gottes.«

Wie recht hatte sie! Doch diese Gnade trug mich nur durch, weil ich den starken Wunsch hatte, täglich Trost im Wort Gottes zu finden.

In unserer Familie sagen wir einander immer wieder: »Ich habe dich lieb.« Wenn wir anrufen oder zur Tür hinausgehen, nutzen wir die Gelegenheit, um unsere Liebe auszudrücken. Wir planen gern Überraschungen, nur um damit auszudrücken: »Ich habe dich lieb.«

Eines Tages, als wir noch in Neuguinea waren, rannte Burney ins Haus und schrie: »Mami, Mami!«

»Was ist denn, Liebling?«, fragte ich.

»Hast du mich lieb?«

»Burney, ich liebe dich mehr als alles auf der Welt«, antwortete ich und drückte ihn an mich.

»Dann ist alles gut«, sagte er lebhaft. »Das wollte ich nur wissen.« Damit lief er wieder hinaus, um weiterzuspielen.

In Neuguinea spielten wir oft das »Ich-habe-dich-lieb«-Spiel. Lloyd blickte mich an und sagte: »Ich liebe dich mehr als alle Steine von hier bis zum Fluss.« Darlene fügte hinzu: »Ich liebe dich mehr als alle Bäume in Sentani.« Jemand anders sagte: »Ich liebe dich mehr als alle Sterne am Himmel.«

Vor Kurzem erhielt ich einen Brief von Darlene, in dem sie schrieb: »Ich liebe dich mehr als alle Moskitos in Arkansas.« Dumm? Ich meine nicht!

Ich hätte das Leben in Grannys Haus, die Behandlung durch die Makins und die schmerzliche Ablehnung durch meinen Vater und meine Mutter nie überlebt ohne die feste Gewissheit, dass ich mich auf Gottes Verheißungen verlassen konnte. Bis zum heutigen Tag besitze ich das Neue Testament, das mir Irma Fremm schenkte, in dem unzählige Verse, die ich auswendig lernte, unterstrichen sind. Das Wort Gottes gibt uns die Kraft, mit seelischen Qualen fertig zu werden.

Manche Leute haben zu mir gesagt: »Dorie, Sie sind nicht normal. Selbst Kinder, die nicht so viel Ablehnung und Lieblosigkeit erfahren haben wie Sie, haben seelische Probleme wegen ihrer Vergangenheit. Sind Sie überhaupt ehrlich?«

Meine Antwort ist, dass Gott wahrscheinlich ungewöhnlich tief in mein Leben eingriff, vielleicht weil ich so verzweifelt war. Während meiner Kindheit konnte ich mich ja an keinen Menschen wenden; ich hatte niemanden, bei dem ich mich ausweinen konnte. Ich warf mich völlig auf den Herrn. Durch seine Gnade, die er mir vielleicht in besonderem Maß zuteilwerden ließ, heilte er meine verwundete und verbitterte Seele. Ich bin fest davon überzeugt, dass er das Gleiche für jeden tun kann, der zu ihm kommt, wie ich es tat.

Meine Erfahrung hat mich auch einiges gelehrt, was ich Eltern weitergeben möchte. Bitte sagen Sie Ihren Kindern, dass Sie sie lieb haben! In Chicago stand ein Mann neben dem Sarg seines fünfzehnjährigen Sohnes. Er schrieb einen Zettel und steckte ihn dem Toten in die Hand. Darauf stand: »Mein Sohn, ich liebe dich.« Wie tragisch, dass er wartete, bis es zu spät war, um seinem Sohn diese Worte zu sagen! In unserer Familie sagten wir unseren Kindern, dass wir sie lieb hatten – manchmal mehrmals am Tag. Heute sagen uns Burney und Darlene: »Vati und Mutti, wir haben immer gewusst, dass ihr uns lieb habt. Und wir haben euch lieb.«

Lassen Sie nie zu, dass Ihre Träume und Wünsche Vorrang haben über die sorgfältige Erziehung Ihrer Kinder. Was könnte wichtiger sein, als den Kindern beizubringen, ein Leben nach biblischen Grundsätzen zu führen? Es bedeutet Opfer und Selbstverleugnung, Menschen heranzuziehen, die Gott zur Ehre leben. Das legt uns als Eltern eine riesige Verantwortung auf. Es bedeutet, dass wir persönlich Inventur machen müssen. Was für ein Mensch bin ich? Ein solcher Mensch, wie Ihr Kind wahrscheinlich werden wird! Wir brauchen Gottes Hilfe und seine Weisheit bei der Bewältigung dieser ungeheuren Aufgabe!

Die Erfüllung Ihrer Träume und Wünsche ist nebensächlich, wenn es um die Erziehung eines kostbaren Kindes geht. Natürlich bedeutet es, Opfer zu bringen, wichtige Ziele zurückzustellen, um auf ein viel wichtigeres Ziel hinzuarbeiten – nämlich aus Ihrem Kind einen verantwortungsbewussten Menschen zu machen, der Gottes Wort liebt und befolgt. Ihre Kinder werden lebendige Denkmäler für Sie sein, zum Guten oder zum Schlechten.

So gern Lloyd und ich als Missionare im Baliem-Tal geblieben wären, so hielten wir es doch nicht für richtig, Burney zu zwingen, die Schule weit weg von zu Hause zu besuchen, obwohl dieses Opfer von Missionaren erwartet und verlangt wird. Ja, wir wurden ins Baliem-Tal berufen, doch wir mussten uns mit der Tatsache auseinandersetzen, dass wir in erster Linie dazu berufen waren, unsere Pflicht als Eltern zu erfüllen.

Das Herz tut mir weh, wenn ich an so viele Kinder in unserem Land denke. Durch die hohe Scheidungsrate, die Zunahme von Kindesmisshandlungen und die Gleichgültigkeit unzähliger Eltern gibt es wahrscheinlich Tausende von Doris Duckworths – unerwünscht, ungeliebt, geschlagen und vernachlässigt.

Diesen Kindern mit einem zerbrochenen Herzen und den verbitterten Erwachsenen möchte ich mein Leben und meinen Dienst widmen. Ihnen möchte ich sagen: »Was Gott für mich getan hat, kann er auch für dich tun.«

Gott kann unser Leben heilen, aber nur, wenn wir ihm alle zerbrochenen Teile geben.

Gedanken am Grab

1972 fuhren wir durch Kansas. »Schatz, ich habe eine Überraschung für dich – ich werde dich zu einem ganz speziellen Ort bringen«, kündigte Lloyd an. Gespannt wartete ich. Was hatte er vor?

Eine Stunde später näherten wir uns einer kleinen Stadt. »Dorie, schau dir den Namen an. Sagt dir das irgendetwas?«

»Nein – warte mal! Ist das nicht der Ort, wo mein Vater geboren wurde?«

»Ja.«

Wir beschlossen, unser Glück zu versuchen und etwas über ihn oder seine Familie herauszufinden. Wir parkten unser Auto vor einem kleinen Eckladen, gingen hinein und fragten: »Kannten Sie hier jemanden mit Namen Duckworth – Lewis Duckworth?«

Der Mann starrte uns mit offenem Mund an. »Moment mal.« Er ging nach hinten und kam mit einer Frau zurück. Kein Zweifel – ich hatte eine Verwandte vor mir: das gleiche krause Haar, dunkle Augen, dunkle Haut.

»Kannten Sie einen Lewis Duckworth?«, fragte ich. Ich traute meinen Augen nicht.

»Ich bin eine Duckworth«, antwortete sie überrascht. »Augenblick mal«, sagte sie, indem sie sich umdrehte und einen anderen Mann herbeirief. »Fragen Sie ihn, was Sie mich gerade gefragt haben«, befahl die Frau. Als ich meine Frage wiederholte, war auch er überrascht.

»Meine Mutter hat Lewis Duckworth aufgezogen. Sie ist 95 Jahre alt – sie ist eine Duckworth«, erklärte der Mann. »Wollen Sie sie sehen?«

Einen Augenblick lang glaubte ich zu träumen. Fast fünfundzwanzig Jahre waren vergangen, seitdem ich meinem Vater Lebewohl gesagt hatte. Und jetzt würde ich der Frau begegnen, die ihn großgezogen hatte! Die Frau, die vor mir stand, war eine entfernte Cousine von mir.

Wir fuhren zu dem Haus, wo die Mutter des Mannes lebte. Man brachte sie im Rollstuhl ins Wohnzimmer. Sie war schwarz gekleidet, mit weißer Spitze am Hals und an den Ärmeln. Man bat mich niederzuknien, da sie fast blind sei und sich nur im Flüsterton unterhalten könne. Hier war also die Frau, die meinen Vater großgezogen hatte.

»Mutter, dies ist Lewis' Tochter Doris«, rief der Mann ihr ins Ohr.

»Mein Kind«, bedeutete sie mir, »würdest du bitte näher kommen, damit ich dich besser sehen kann?« Die alte Frau fuhr mir mit der Hand sanft übers Gesicht.

»Dein Vater war ein guter Mann. Es tut mir leid um das, was geschehen ist. Deine Familie waren Methodisten – die von der lauten Art.« Sie machte eine Pause, ein Lächeln huschte über ihr zerfurchtes Gesicht. Sanft legte sie ihre Hände auf Darlene und Burney. »Gott segne euch, Kinderchen.«

Wieder blickte ich ihr in die Augen, und sie legte mir den Arm um den Hals. Ich küsste ihre Wange. Mein Herz drohte zu zerspringen. Wie sehnte ich mich danach, mit ihr über meine Herkunft zu sprechen! Doch wir mussten unsere Unterhaltung kurz fassen, weil ihr das Sprechen sehr schwer fiel. »Eines Tages«, flüsterte sie, »werde ich dir alles über deinen Vater erzählen.« Doch dieser Tag kam nicht mehr; denn einige Monate später starb sie.

Der Mann im Laden fragte mich, ob ich zum Friedhof gehen wollte. Als wir dort ankamen, öffnete der Friedhofswärter das Register, in dem wir folgende Eintragung fanden: »Molly und Dell Duckworth starben beide im Alter von 34 und 32 Jahren an Tuberkulose.«

»Doris«, sagte der Mann, »dies sind deine Großeltern.«

Wir gingen einen schmalen Pfad hinunter, bis wir an eine kleine Grabstätte kamen. Zwei eingesunkene Gräber mit Holzkreuzen lagen vor uns. Darauf standen die Namen »Molly Duckworth« und »Dell Duckworth«.

Einige Minuten stand ich regungslos vor den Gräbern. Mein ganzes Leben lang hatte ich kaum daran gedacht, dass ich Großeltern haben könnte. Weil meine

Mutter mich so hasste, hatte ich immer geargwöhnt, dass eines Tages eine böse Geschichte über meine Herkunft ans Licht kommen würde. Jetzt wurde mir zum ersten Mal bewusst, dass ich tatsächlich Ahnen hatte, obwohl sie lange vor meiner Geburt gestorben waren. Wie sehr wünschte ich, ich hätte sie kennengelernt! Trotz meiner schlimmen Vergangenheit hatte ich also doch einen Stammbaum.

Tränen traten mir in die Augen. Meine Kinder stellten sich neben mich. Darlene nahm meine rechte Hand, Burney meine linke. Dann hörte ich die Stimme Gottes – die Stimme, die mir in all den Jahren der Einsamkeit, des Kummers und des Herzeleids zugeflüstert hatte. »Dorie, dein Ende wird viel besser sein als dein Anfang.«

Wir kehrten um, um zum Auto zurückzugehen. Mein Blick war getrübt, mein Innerstes aufgewühlt. Als wir wegfuhren, wanderten meine Gedanken von meiner Kindheit zu der gnädigen Führung Gottes in meinem Leben. Seine Gnade wird auf dem Hintergrund von Ablehnung, Verstoßung und Hoffnungslosigkeit umso deutlicher sichtbar. Gott hatte seine Liebe zu mir auf mannigfaltige Weise bewiesen. Ja, da waren meine Mutter, das Waisenhaus und hartherzige Pflege-Eltern. Doch Christus hatte mich angenommen und mich dazu ausersehen, Erbe Gottes und Miterbe Jesu Christi zu werden.

Er gab mir einen lieben, gottesfürchtigen Ehemann und zwei prächtige Kinder. Dann gab er mir das Vorrecht, um die halbe Welt zu reisen, um »Steinzeitmenschen« das Evangelium zu bringen. Und schließlich machte er mich zur Frau eines Pastors, um anderen zu sagen, dass Gott Menschen liebt, die von niemandem geliebt werden, und sie um seines Namens willen zu seinen Kindern macht.

All das tat er für ein Mädchen, das niemand lieb hatte!

»Der aus dem Staub emporhebt den Geringen, aus dem Kot erhöht den Armen, um ihn sitzen zu lassen bei den Edlen, bei den Edlen seines Volkes« (Psalm 113,7-8).

Doris Van Stone / Erwin W. Lutzer

Wer wird mein Schreien hören?

Verletzung und Heilung bei sexuellem Missbrauch

128 Seiten, Paperback
ISBN 978-3-86699-228-3

Da war kein Platz zum Weinen, kein Ort der Hoffnung, als ihre Seele schrie, ihr Herz schmerzte und ihr Körper gequält war von sexuellem Missbrauch.
Dorie wusste, was es heißt, emotional vernachlässigt, physisch verletzt und von den eigenen Eltern wie ein unerwünschter Hund gemieden zu sein. Sie erlebte das Grauen, von einem Heim zum anderen geschoben und immer wieder brutal misshandelt zu werden.
Schließlich hinterließen Missbrauch und Misshandlung ihre grausamen Spuren: Dorie fühlte sich hässlich, abgelehnt und schmutzig.
Doch dann gab es Hoffnung: Als sie dreizehn war, erzählte eine Studentin ihr von dem Gott, der die Ungeliebten liebt. Sie übergab diesem Gott die Last der Vergangenheit und lernte, ihm zu vertrauen. Schließlich wurde ihr Herz bereit, ihren Peinigern zu vergeben, und damit bekam sie auch die Kraft, sich der schmerzlichen Vergangenheit schonungslos zu stellen.
Dies ist die Geschichte ihrer Kämpfe und ihres Sieges.